自分を嫌うな

加藤諦三
Taizo Kato

三笠書房

はじめに――「自分を好きになる」が人生を楽しむキーワード

あなたは「今の自分を好きですか？」と聞かれたらどう答えるであろうか。

なかには、どう答えたらよいのかわからない人もいるかもしれない。「そんなこと考えたことはない」と答える人もいるだろう。質問の意味がわからないと答える人もいるだろう。

その時、好きか、嫌いか明確な答えは出せないけれども、「今、私は苦しんでいる」と答える人がいる。そういう人はたいてい自分のことが好きではない。そして、そう答える人は、自分で自分を苦しめている。

また、「今、私は悲しんでいる」と答える人も、自分で自分を悲しませていることが多い。

では、なぜそんなに苦しいのか、なぜ悲しいのか、なぜそんなに焦っているのか。

それは自分が欲を出しているからである。

「もっと給料がほしい、もっと偉くなりたい、もっとモテたい」などである。

では、なぜそんなに欲を出すのか。それは「あの人に負けたくないから」「あの人が高価な電化製品を買ったのに、自分が買えないから」「あいつが課長になったのに、自分が課長になれないから」である。

では、なぜまわりの人がそんなに気になるのか。それは自分が自分の望みをもっていないからである。他人とは関係なく、自分で「何かしたいなあ」と思うことがないからであろう。

このように、いろいろと自分に問いかけていくと、最後に自分の「自信のなさ」にたどり着く。


ところで、「私なんかダメだ」という自己イメージはどうしてできあがってしまったのだろうか。

それは、小さい頃自分の周囲にいた人の、自分に対する反応によってできあがる。ダメではないのにダメだと勝手に思いこんでしまっただけである。

たとえば、母親が子どもにおかずをあげるとき、イライラしていたとする。そこで母親はポンポンと順序も考えずに子どもにおかずをあげた。その時、あとに配られた兄は「なんで弟に先にあげるの？」と不満になる。

しかし、どんな母親だって生身の人間であるからイライラもするし、腹も立てるし、機嫌が悪いこともある。ところが、子どもは母親がそうした「さまざまな感情をもつ生身の人間」とは理解できない。お母さんは依怙《えこ》贔屓《ひいき》をしていると思う。「お母さんは僕より弟のほうが可愛いんだ」と思う。

「お母さんは僕を可愛がっていない、僕なんか誰も可愛がってくれない」と思う。

こうして、自分にとって「親」という重要な人の反応によって、自分のイメージができあがってくる。その扱いで自分がどういう人間かというイメージを植えつけられていく。

そういう生身の人間の言動に惑わされて人々は落ちこんだり、苦しんだりしている。そういう生身の人間の言動に影響されて、自分はダメだと思ってしまう。

先生も親も上司も神様ではない。みんな淋しく劣等感をもった生身の人間である。

それなのに「あの課長は私を一瞥《いちべつ》していってしまった、他の人の時には『お願いします』と丁寧に頼んでいったのに……」などとひがむ。

相手が自分に眼を向けてくれなかったことが苦しむ原因になったりする。しかし、相手の言動でただちに自分をきめつける必要などどこにもない。

自己蔑視の原因は、基本的には「ありのままの自分が愛されなかったこと」である。親が愛する能力がなかったばかりに愛されなかった場合もある。それなのに「自分は愛されない人間だ」と思いこむ。

こうして錯覚して、今この時にも飛び降り自殺をしようと思っている人がいる。それほど自分を嫌いな人もいる。

小さい頃の隠された屈辱の体験はいろいろとあるだろう。貧乏で近所の人から馬鹿にされたということもあるだろう。しかし、屈辱の体験は何も遠い人からばかりではない。近い人によっても与えられる。

自分に近い人を嘲笑《ちょうしょう》することで心の葛藤を解決するタイプの人はたくさんいる。そういうタイプの人を親にもつと、子どもは自分を嫌いになる。

親から声高に嘲笑されたという体験をもつ人がいる。「親」という、自分にとって大切な人から声高に嘲笑されたら、その人は自分を憎む。

その結果、嘲笑されることのない「理想の自分」に憧《あこが》れるのもまた当然であろう。

自分を憎むと同時に、偉くなって世間を見返してやるという復讐心に燃えるのもまた当然であろう。

このように現実の自分と理想の自分の乖離《かいり》から「現実の自分」への憎しみは生じる。だいたい自分を嫌いな人は〝名誉〟を激しく求める。これがはじめにいった〝もっと、もっと〟という欲である。しかもその名誉が今すぐに欲しい。今、満たされないから彼らはよく怒る。そして毎日、くやしい。

劣等感に苦しんでいる人は「今すぐに偉くなりたい、急に偉くなりたい」「今すぐに、お金が欲しい」「今すぐに、すごくモテたい」のである。つまり簡単に偉くなりたい。そして、その名誉が自分の心の葛藤をすぐに解決してくれると思っている。

そして自分が嫌いな人は嫌われる。

自分で自分を嫌いなまま、偉くなる努力をしても、人からは好かれない。自然と偉くなった人は尊敬されるが、劣等感から偉くなった人は嫌われる。

劣等感をもったまま無理して偉くなろうとしている人は、自分も偉くなれば自然と偉くなった人と同じに尊敬されると思っている。

確かに、偉くなれば周囲の人は表面は尊敬してくれるかもしれない。しかし、心の中では、無理して偉くなった人を「嫌な奴」と思っている。その証拠にその地位を失った時に誰も振り向いてくれない。偉い地位にあった時は〝裸の王様〟である。自分で自分を好きになれない人に、誰も魅力を感じない。自然と偉くなった人の心の中には「皆様のおかげで」という気持ちがある。口でいわなくても、そのような気持ちが伝わる。無理して偉くなった人にはこの気持ちがない。

無理して偉くなった人には周囲の人は皆冷たい。無理して偉くなった人は「変だなあ、おかしいなあ」とくやしがる。そこで〝もっと〟偉くなろうとする。

同窓会がある。無理して偉くなった人は黒塗りの車で会場にあらわれる。しかし、皆に「わあ、すごい」といってもらえない。無視されたとする。すると〝もっと〟偉くなろうとする。次はヘリコプターで来ようとするかもしれない。

無理して偉くなった人は、会社は別として、それ以外のところでは鼻つまみ者である。実は表面は別として会社の中でも鼻つまみ者なのである。〝裸の王様〟だから、そのことに気がついていないだけである。

無理して偉くなった人は、自然と偉くなった人の日常の行動を見ていない。「どうしてあのようになったのか」という過程を見る心のゆとりが彼らにはない。そして尊敬されているところだけを見ている。「社長さん、社長さん」という賛美の声の場面しか見ていない。無理して偉くなった人は自分より偉くない人が「なんで皆にあんなに歓待されるのか」ということが理解できない。

皆に歓待される人は人を見下していない。そして誰でも劣等感があり、誰でも淋しいのだということを知っている。

自分を嫌いな人は周囲の人から尊敬されようとする。ところがそういう人にかぎって、周囲の人を見下す。

自分を見下している人は人も見下す。だからどんなに偉くなっても心からの歓待を受けないのである。

この本を読んで自分を好きになってくれればと思う。そして「今、楽しいですか?」と聞かれたら「今、楽しいです」と答える人になってくれればと思う。

そう答える人は自分で自分を楽しんでいるのである。そして答えられる人が「自分を好きな人」なのである。「すごい」と「楽しい」とは違う。

加藤諦三

もくじ

2章　なぜ甘えるか、なぜくやしいか

4章 自分に対する見方をちょっと変えてみる

1章

「弱い自分」をつくる感情群

〝今の自分〟に自信がもてなかったら……

〝ありのままの自分〟を見つめる

〝くせ〟のある人というのがいる。そのまんまの自分を抑圧している人である。

〝そのまんま〟ということは、最もやさしいようで、実は最も難しいのではないか。

人と会って、つい自分を実際以上に見せようとする。するともう〝そのまんま〟というわけにはいかない。「勝ち気で自己中心的な人だ」と、ついつい他人を非難したくなる。

欲が深いとやはり〝そのまんま〟というわけにはいかない。得をしようとして体に力が入る。

本当の愛情をもっていない冷たい人間は、やはり〝そのまんま〟でいることができず、愛情をもっている〝ふり〟をする。

自己への要求水準が高くても、〝そのまんま〟というわけにはいかない。自分に〝もっと、もっと〟という力が働いてしまう。

一度失敗すると、同じような場面には過剰な反応をしてしまう。負けぐせがつく、などというのもそうである。同じような場面で、〝そのまんま〟でいられず、失敗する可能性が、失敗したという既成の事実のように感じられてくる。すると、〝そのまんま〟でいられなくなり、失敗の可能性を前にしただけで気分が沈下してくる。

一度性的に失敗した男性は、愛する女性を前にして、再び失敗する。そして、失敗を自分でオーバーに劇的なものにしてしまい、「自分はダメだ」と苦しむ。

仕事のことであろうと、性のような私的なことであろうと、抑うつ的な人は一度の失敗を誇張して考える。経験を歪めて感じてしまう。すると、似たようなことがあるたびに、失敗すまいとしてストレスを感じ、〝そのまんま〟でいることなどできなくなる。

このような人は、自己に対する要求が非現実的に高いのであろう。自分に対する期待が、非現実的なまでに大きすぎて、結果として自分の能力を充分に発揮することができないのだろう。

いろいろな場面で失敗を避けようとする人は、何かを避けようとする、そのことだけで、すでに〝そのまんま〟ではない。

たとえば、一度人前で話すことに失敗すると、そのような機会を避けようとする。話す機会がくれば話し、話す機会がこなければ話さない、というようにわが身を流れにまかせることができない。どうしても態度が防衛的になる。

前にもいったように、自分に対する期待、目標などが非現実的に高ければ、こうなることは避けられない。

では、なぜ、自分に対する期待が非現実的なまでに高くなってしまうのだろうか。

それは心の底で漠然と、ありのままの自分に失望しているからではないだろうか。心の底で漠然と、ありのままの自分は価値がないと感じているからではないだろうか。

しかし、漠然と感じているだけで、はっきりとありのままの自分は価値がないと意識しているわけではない。

つまり、無意識の領域で、ありのままの自分は価値がないと思っているということである。そして、自分は価値がないという感じ方の抑圧が、意識の領域で自分への期待を過大なものにする。

その結果として〝そのまんま〟どころか、ストレスで、絶えず不安な緊張をし、疲れ、実際の自分の能力の半分も発揮できないことになってしまう。

自分の宿命を受け入れる

あらゆる場面で〝そのまんま〟でいられずに身構えてしまう人は、まず漠然と心の底で感じている〝ありのままの自分は価値がない〟ということを、はっきりと意識することである。

ここでウソをついてはいけない。ここで自分にウソをついて、自分はあらゆる能力があるすぐれた人間だと虚勢を張ってしまえば、これから先の人生も地獄である。

自分の心の底を静かに見つめて、自分にウソをつかない——ここが天国と地獄の分かれ道である。

ここで自分に正直になれば天国へ、ここで自分にウソをつけば地獄行きである。

そして、残念ながら、地獄と天国の分かれ道で地獄に行く人が多い。

虚勢というのは、自信喪失や恐怖を抑圧している時の態度である。

そうした虚勢を張る人もいる。また自分を弁護する人もいる。自分が自分にウソをついているということを証拠をあげて問いつめていくと、最後には「自分にウソをつかない人なんかいるかね」などと居直る人もいる。

居直るのは、他人だって地獄に行くのだから、自分が地獄に行ってどこが悪い、というのと同じである。こうなれば、そんなに地獄に行きたければ、行ってください、もう止めません、としかいいようがない。


私の知っているある中小企業の経営者が、次のようにもらしたことがある。

「以前から仕事はずっとつらかった。そして、それはますますつらくなってきている。しかし、今は以前に比べてずっと幸せだ」

そこで私は「どうして?」と聞いた。すると、彼は「自分に正直になったから」と答えた。まさに予想した答えだった。「事業という点から考えれば、つらくなったけど、人間としては幸せになった」と、彼は水割りを飲みながら、しみじみと語った。

自分に正直になるということは、自分の宿命を受け入れるということでもある。

ガンになって助からないとわかった時、とり乱して騒ぐ人もいれば、残された時間を大切に生きる人もいる。一瞬一瞬に生命を燃やす人もいれば、未来を思いわずらって生命を浪費する人もいる。自分に正直になる人は自分の宿命を受け入れ、一瞬一瞬に生命を燃焼させて生きることができる。

また、人と会って、自分はいかにも奥深い人間だという〝ふり〟をする人もいれば、自分は〝これっきり〟だと、自らをさらけだす人もいる。大物の〝ふり〟をする人は人を恐れているが、〝これっきり〟と自分をさらけだす人は人を恐れていない。

〝これっきり〟とは〝そのまんま〟ということであり、自分の宿命を受け入れていることである。


さて、自分にウソをつかず、「ありのままの自分は価値がないと感じている」とはっきり意識したら、次に大切なことは、そのような低い自己評価と自分の存在とはまったく関係ないと知ることである。

たとえば幼児期の母親喪失は、子どもの低い自己評価をまねくという。しかし、小さい頃に母親を失うことは、まったく自分の価値と関係ない。

また幼児期の父親の不機嫌も、子どもの低い自己評価をまねくというが、自分の父親が不機嫌であることと自分の価値とは、まったく関係ない。

その他、低い自己評価の原因はいくつかあろう。しかし、それは自分の存在とは関係ない。自分は無価値であると感じることを強制されて育ったのである。

あなたに価値がないのではなく、周囲があなたを無価値に扱っただけである。「猫に小判」ということわざもある。

心は裸で歩くことができる

人間はすっ裸で街を歩くことはできないが、心は裸で歩くことができる。それなのに、心について裸に自信のない人は、つい着飾ってしまう。

なぜ、自分の心の裸が見苦しいと感じてしまうのだろうか。

結論からいえば、それはおそらく、親との間に真の対話もなく、真の感情の交流もなく育ってしまったからではなかろうか。

親は子どもの前でさえ格好をつけて、偉そうに振舞い、子どもに称賛を要求した。そして子どもと面と向かって話す時、彼を固有の存在として認めなかった。〝よい子〟であれば、他の子であってもよかった。自分に従順で、自分の称賛者であるなら、親にとっては眼の前に今いるその子でなくてもよかった。

このように親と子は、いつも〝みかけの対話〟をしていたのではないか。世界の誰でもない、他ならぬこの自分の存在を、親はただの一度も認めたことがない環境で育ったのではないだろうか。そんな〝みかけの交流〟の中で、ありのままの、世界でただ一人の、この自分の価値を感じろといっても無理である。

幼い日、世界中の誰とも声も違えば顔も違う、世界でただ一人の、この自分を周囲の人は認めてくれなかった。周囲に従順である時にのみ、その従順である自分だけを周囲は認めてくれた。しかし、従順でありさえすれば、自分でなくても誰だって認められたのだ。

より深い関係を結ぼうとすれば、より完全に服従すればよかった。よりよい子になるためには、より周囲の意図に従順であればよかった。

ありのままの自分に立ち返れば深い孤独しかなかった幼い日、ありのままの自分を周囲の誰もが認めてくれなかった幼い日。

そんな中で、ありのままの自分には価値がないと感じるのは当然である。ありのままの自分では誰も受け入れてくれない日々の体験を通じて、ありのままの自分は誰にも好かれないと感じてくる。

心を裸にして歩けない人は、その自分についての感じ方を抑圧する。その感じ方は自分にとってきわめて不快である。この不快な感情を自分の無意識へと抑圧した結果、自己への要求水準が非現実的に高くなるのである。自分についての不快な感じ方を抑圧するために、仕事においても性においても秀でた人間であることを自分に求めるようになる。

自分に万能のスターであることを期待するのは、ありのままの自分は対人関係において価値がないという不快な感情を抑圧するからである。

しかし、不快であるがゆえに抑圧した、自分に関するその感じ方は正しいのであろうか。その感じ方は事実なのだろうか。そうではあるまい。

その感じ方が間違っているのである。その人が愛される値打ちがないのではなく、周囲にいる人間が愛する能力をもっていないのである。

ダメな予感は不安と恐怖から

「卵を見て時夜《じや》を求む」ということわざがある。鶏の卵に時を告げることを期待するとしたら、それに応えられない卵に価値がないのだろうか、それとも時を告げることを求めた人が愚かなのだろうか。

この場合、卵に価値がないのではなく、間違った期待をかけたことに問題があるのである。

幼少の時に、周囲から間違った期待をかけられたがゆえに一生虚勢を張ったり、無価値感に悩まされたりする人は多い。何か、「自分はダメなのではないか」、いつもそんな感じにとらわれているのだ。

小さい頃、鬼ごっこをしていて、決まって彼は「どうせ自分はつかまる」と感じた。大勢で鬼ごっこをしているのに、「鬼はきっと自分をつかまえようとする」と感じた。そしてそのとおり、鬼は自分をめがけて追っかけてきた。

そんな体験が、活力のない模範社員にはあるのではないだろうか。

危機に際して、「自分は助かる」と感じる人間と、「他人は助かっても自分だけはダメだ」と感じる人間がいる。

九割の人間が受かるという試験で、勉強していながらも「自分は落ちる一割に入る」と感じる人間がいるかと思えば、あまり勉強していないくせに、「九割も合格するんだから、きっと自分は受かる」と思う人もいる。

自分を鞭《むち》打ちつづけてダウンしてしまう模範社員は、前者なのである。ダウンするまで自分に鞭打つのは、「自分はダメなのではないか」という不安と恐怖からである。疲労困憊《こんぱい》してもなお頑張るのは、この「自分はダメだ」という無意識下にある否定的な自分のイメージゆえなのである。

子どもの頃、みんなで遊んでいたら、怖そうな犬があらわれたとする。ある子は、犬はかみつこうと自分をめがけてくると感じる。決して、あの犬が向こうに行くとは思わない。自分だけがかみつかれる、自分はいつも犠牲者である、そう感じてしまうのだ。それに対して、犬が来たけれど、こんなに大勢いるのだから、自分は助かるだろうと感じる子もいるだろう。

幼い日、やはり「自分は犬にかみつかれる」と感じた体験をもつ人は、何でもやる前から負けると感じてしまう人なのである。

自分がいちばん認めたくないものは何か

なぜ自分にウソをついてしまうのか

ラジオで「テレフォン人生相談」をはじめてから、現代人の重大な心理的問題のひとつは、自分にウソをついているところから生まれるという感を強くした。

その中で主婦の多くは〝子どものために〟を連発する。しかし、こちらから見ると、子どものためではなく、〝親のために〟と思えてならないことがよくある。

こういう人はたいてい、実は大変な利己主義であるにもかかわらず、決して自分は利己主義でないと思いこんでいる。もちろん、心のいちばん底では気づいているが、それには眼を背《そむ》けてしまう。つまり、自分にウソをついている。そして、そのウソはたくみに防衛されている。結果として子どもが犠牲になる。

誰しも、自分が利己主義であることを望んではいない。それは不快なことである。そこで、自分は利己主義であるという自分についての感じ方を無意識に抑圧してしまう。そして、意識のうえでは、自分は利己主義ではないと信じている。これが〝擬装された利己主義〟ということである。

これは〝むきだしの利己主義〟より、はるかに始末が悪い。始末が悪いというのは、その人自身のみならず、その関係者をも感情的に破壊していってしまうからである。たとえば、電話で相談をもちかける主婦は、自分は〝非〟利己主義であると信じている。子どもにとっては、非利己主義の名のもとに利己主義を押しつけられるほど耐えがたいことはない。

むきだしの利己主義なら子どももストレートに対決できるし、親から離れることもできる。しかし、擬装された利己主義は、他人の利己主義を許さない。そして愛他主義、正義の名のもとに自分の利己主義を通す。この仮面をかぶった利己主義は扱いにくい。

つまり、擬装された利己主義は、最もたちの悪い利己主義である。ずるい人間のやることである。

「ずるさは弱さに敏感である」とある人がいっていたが、それは、ずるい人間が弱い人間であるからだろう。同質のものには敏感なのである。自分にもある弱点であるがゆえに、相手の弱点はすぐに見抜ける。

擬装された利己主義者は、普通の人よりはるかにずるく利己的である。

彼は、自分の利己主義と正面きって対決することをせず、それを無意識の方向へ抑圧する。そして、そのために「俺はこんなに利己的ではない」と絶えず自分にいい聞かせなければならないことになる。子どもに向かっても、子どもが嫌がるような、押しつけがましい親切をしながら、必死の自己弁護で、自らをガードしつづけなければならない。

〝臭いものにふた〟の深層心理

〝愛情のかたまり〟のような父親が、ある時、子どもに「お父さんのウソつき」といわれた。

その時、父親は、信じられないような凶暴性を発揮して、「おまえなんか刑務所にでも、病院にでも行ってしまえ！」と絶叫した。おそらく、激しい不安におそわれたのであろう。

そして、子どもが友だちと約束があるので外出しようとすると、凶器をもちだしてきた。これが日頃「俺ぐらい子どもを可愛がっている親父はいない」といっていた父親である。

彼は、自分の利己主義を擬装することができなくなってパニックに陥ってしまったのである。

利己主義を抑圧した人間は、まず第一に、いつまでたっても子どもの頃の自分中心を克服できない。第二に、他人が自分に何を期待するかということについて間違った判断をする。つまり、利己主義であることによって、他人に嫌われると感じる。

しかし、彼が他人から親しまれないのは、擬装された利己主義者だからなのである。彼は、親しげに他人に振舞うことによって、表面上のつきあいはできる。しかし、もう一歩、人はその人に親しみを感じない。抑圧というのは、何の抑圧であっても、他人が自分に何を期待しているかということに関して間違った判断をさせてしまう。

たとえば、野心を抑圧した者は、自分が野心家であるならば他人に受け入れてもらえないと錯覚する。それは、野心を抑圧しようという努力によって、野心が悪いものであるという感じ方を強めてしまうからである。

「臭いものにふたをする」という言葉がある。これ自体、抑圧をさしているのではないが、抑圧とは臭いものにふたをするようなものである。

自分は利己主義であると感じてしまっているとする。この感じ方が臭いのである。ふたにあたるのが意志の力であろう。そして容器は無意識である。

どんなにしっかりふたをしても、ふたぐらいでは、どうしても臭《にお》ってきてしまう。抑圧してもふたからもれてくるこの臭いで、何となく気分がすぐれないのである。

失敗しない生き方の落とし穴

厳格な家庭で育った少年がいる。過ちは父から厳しくとがめられ、家の者にはあざ笑われた。そうして育つことで、少年は自分のいかなる弱点をも隠そうとするようになった。会社に入っても、失敗することを避ける努力をする。他人が自分の脆《もろ》さを指摘すると怒る。

彼は間違う機会を避けようとすることで、いよいよ間違うことを恐れるようになる。失敗しそうになると不安を感じる。自分は弱点のある人間である、失敗もすれば成功もする人間である、という感じ方を隠滅しようとする。自分の現実の姿についての自分の感じ方を抑圧する。そうすることで、彼は失敗したら他人に受け入れてもらえないと感じるようになる。失敗したらみんなに軽蔑されると思う。

これはまったくの判断違いである。失敗したって人は受け入れてくれる。

彼は、失敗しないことによって、他人から尊敬されると思う。これまた判断違いである。彼の場合も、抑圧することによって、他人が自分をどう見るか、まったくの判断違いをするようになった例である。

そのような人にとって、とにかく大切なのは次の点である。

「いったい、自分がいちばん認めたくないものは何か?」ということである。

認めたくないから認めないといったところで、自分にウソをつき、抑圧を重ねている人は、すでに自分自身に失望している。そして、自分に失望しているからこそ、他人のあらも探す。

私はよく「自分で自分を尊敬せよ」という。それは別の言葉でいえば、「抑圧行動をやめよ」ということなのである。

自分で自分にウソをつきつづけることで、自分への失望を深めていってしまう。それがさらに他人への非難軽蔑となる。悪循環である。

他人を非難したくなったら、立ち止まって、「はたして自分は、本当にそんなに価値のない人間なのだろうか?」と反省してみることである。自分を価値のない人間だと感じるようにしてしまったのは、他ならぬ〝自分自身〟であると気がつくはずである。

「耳を掩《おお》うて鈴を盗む」ということわざがある。耳をおおって鈴の音が聞こえなくても、鈴が鳴ることはやはり知っているのである。抑圧とはこのようなことである。

自分は何だか好かれていない……

❖〝完璧な自分〟を演じようとするのはなぜか

私はアメリカ滞在中によく旅行をした。アメリカのホテルには、たいていプールがついている。プールで泳いでいて気がつくことは、少年少女から老人まで、水泳の下手な人から上手な人まで、一緒になって泳いでいるということである。

下手な人が飛びこんだあとに上手な人が飛びこむ。七十歳近いおばあさんが泳いでいるかと思うと、その横で二十代の人がスイスイ泳いでいる。

老人に対して「いい年をして……」などということはまったくない。お互いに、相手が自分をどう思うかにはまったく無関心に泳いでいる。

アメリカにいて感じることは、老人と若者がたいてい同じことをやっているということである。しかし、同じことをやっているからといって同じ能力ということではない。それぞれが、それぞれの能力に応じて勝手に水泳やスキーを楽しむのである。

それに比べると、われわれはどうか。

年寄りは何かをやる時、まずまわりに「いい年をして……」といわれるのではないか、と思う。事実、まわりもよくそのようなことをいう。

しかし、心の底では彼ら自身もやりたいのである。ただ、他人に悪く思われることを恐れてできないでいるのだ。だから、実際にやっている人に妬《ねた》ましさを感じて、悪意に満ちた批評をするに違いない。

だからといって、すべての人が悪意に満ちた眼で見ているわけではない。悪意に満ちた人の眼ばかり気にしていると、結局、好意的な人とつきあう機会を逸《のが》してしまう。そして、悪意に満ちた人に対して〝理想の自分〟を見せるよう、無意味な努力をはじめたりする。

世の中には、歌の下手な自分、英語の下手な自分、水泳の上手な自分、字の上手な自分、何でもいいから〝ありのままの自分〟を見せることを極端に恐れている人がいる。そういう人は、今まで悪意の人にかこまれて生きてきたのである。

悪意の人は、他人の不完全さに容赦ない批判を加える。だから、悪意の人にかこまれて生きている人は、ありのままの不完全な自分を見せまいとする。そして、〝完璧な自分〟を演じようと懸命に努力し、疲れはててしまうのである。

ところが、世の中には、悪意の人もいれば好意の人もいる。

好意の人は、決して他人に完璧な人間など求めていない。その人が弱点を見せたからといって軽蔑するわけでもなければ、陰口をたたくわけでもない。

しかし、悪意の人にかこまれて生きてきた人は、他人は自分を傷つけるものと信じている。だから、好意の人に接しても、ありのままの自分を見せると「悪く思われるのではないか」と、自分の弱点を隠してしまう。

他人を傷つけようとしている悪意の人というのは、その人自身が欲求不満なのである。その人自身、他人から悪く思われることを恐れて、自分がやりたいことをやらないできた人なのである。他人を傷つけることで自分の欲求不満を解消しようとしているのである。

他人を不必要なほど悪くいう人は、自分が悪くいわれることを不必要なほど恐れている人である。このような人は、口で否定するものを、心の底で求めているのである。

したがって、悪意の人自身、低い自己評価に苦しんでいる。そのため、他人を自分と同じところまで引きずりおろそうとしたり、また、自分と他人をごまかして、何とか優位に立とうとするのである。自分の弱点を隠し、完璧な自分を演じようと努力すれば努力するほど、悪意の人との関係ばかりが広がっていく。

そんな人とは違った世界に行くことである。自分の弱点を素直に出してもつきあってくれる人が、好意の人なのである。彼らは、決して、他人を悪くいって傷つけ、自分の心を癒《いや》そうなどとはしない。

他人に悪く思われることを恐れている人は、事実、ありのままの自分はあまり価値がないと、心の底で漠然と感じているようである。

弱みを人に見せられない弱み

一人は、自分は他人が喜んでつきあってくれるような人間ではないと感じ、もう一人は、自分に自信をもっている。客観的に見て似ている人間でも、どうしてこのように違う感じ方をするのだろうか。

自分は何だか好かれていないと無意識の領域で何となく感じている人は、そうなるような育てられ方をしているのである。

何か失敗したり、親の期待にうまく応じられなかった時、ひどくがっかりした顔をされ、そのがっかりした表情、失望をあからさまにした様子に、幼い心はひどく傷ついたはずである。その時の苦しかった心の痛みを避けたい、それが、成長後もあらゆる行動の動機となってしまっているのである。

他人の期待を先取りしてそれに応えようとするのも、実は、その心の痛みを避けたいためなのだろう。それゆえに、他人の期待に応えられるかどうか、絶えずストレスを感じている。他人にそこまで迎合して、自分を殺してしまうのも、幼い日の心の痛みを感情が知っているからである。

親が子どもに与えるべきは、何かうまくいかなくてもがっかりされないという安心感なのである。がっかりされながら育ってきた人は、自分の存在そのものに自信がもてるわけがない。自分は他人の期待に応えられた時のみ、立派なのであるから。

しかも、子どもをそのように感じさせる親というのは情緒が未熟であるから、〝完璧な人間〟を期待する。情緒が未熟であればあるほど、他人に完璧を期待する。子どもは、成長して親の期待を他人に転位していく。他人もまた、自分に完璧を期待していると錯覚するのである。

だから、懸命に、自分の弱点を隠そうとする。

性的に不能の男性は、相手の女性が、自分に完璧なる男性を期待していると感じるから、ストレスにさらされる。かくていよいよ不能に陥るのである。

私は、ハスケルという人がジブラーン〈世界的ベストセラー『生きる糧の言葉』〈三笠書房刊〉の著者〉に出した手紙の一節を忘れることができない。この文章を初めて読んだのは、デュッセルドルフからハンブルクに向かうバスの中である。原文のまま書いてみよう。

Nothing you become will disappoint me.（あなたがどんなふうになろうと、私はあなたに失望しない）

心底このように感じている親に育てられた子は、ありのままの自分に自信をもつに違いない。心底このように感じている恋人をもった男性は、不能になることはないだろう。

You can't disappoint me.（あなたは私を失望させることはできない）

なんと美しい文章だろうか。

このような友人をもった人は、心安らかに人生を生きることができるだろう。

反対に、恩きせがましく育てられた人は、ありのままの自分に自信がもてず、他人は自分とのつきあいを喜んでいないと無意識の領域で感じている。

他人が世話をするだけの値打ちが自分にあるならば、何をしてもらっても恩にきる必要はない。親が子どもの世話をすること自体を喜んでいるならば、子どもは、自分の存在そのものに自信をもつ。

ところが、いちいち恩にきせられていたら、自分の存在に罪悪感さえもち、何か自分の存在は他人の迷惑になっているのだという感じ方をして、対人関係で絶えず気がひけることになる。思っていることもいえない、頼みたいことも頼めないようになってしまう。何か他人に頼めば迷惑になる、嫌われると感じるからである。

頼んだことを親が喜んでしてくれた人は、他人に対して気がひけることはない。思ったとおりにいい、頼みたいように頼み、誘いたい時に他人を誘う。いちいち、他人に迷惑になるのではないかなどと不安にならない。迷惑な時は相手が断わると思っているからである。

しかし、敵意を抑圧している親などに育てられると、他人を信じることができなくなる。親でさえ、何をしてもその裏に敵意をもっていたのである。なおさら他人は、自分に笑ってくれても、心の底では自分に敵意をもっているのではないかと感じて当然である。

敵意を抑圧した親の、思いやりのあるような態度ほど、子どもにとって当惑するものはない。子どもは親の敵意を感じながらも、その感じ方を抑圧する。親も子も、本当の自分を抑圧し、表面的にはなごやかな関係をつくる。それがいわゆる従順な〝よい子〞である。いきいきとした感情の交流がない。

ありのままの自分は他人に好感をもたれないと、無意識で感じている人、つまり、対人関係でやたらに気がひけたり、逆に傲慢《ごうまん》になったりする人は、自分は今までつきあう人に〝ついていなかった〞と考えることである。

要するに、自分に価値がないのではなく不運だったのである。しかし、そういった、にこやかでありながら底意地の悪い人たちばかりとつきあったことは、自分の側にも責任がある。つまり、自分の側に依存心があったから、その種の人間が周囲に集まってしまったのである。

他人から何を期待されているのか

われわれが劣等感や無力感にとらわれるのは、他人から期待されていると感じる自分と、自分自身がもつ自己のイメージの間にギャップがあるからである。

社会的に成功しながらも、どこか落ち着きがなく、イライラしている人がいる。怒りっぽく、感情が不安定で、いわゆる気むずかしい人とされている。彼も、イメージのギャップに苦しんでいるのである。

彼は、意識の領域で「私はすぐれている」と思っているが、無意識の領域では「私は劣っている」と感じている。たまたま彼は、社会的に成功しているから、「自分はすぐれている」と思っているのである。

抑うつ的になる人というのは、意識の領域でも自分はダメだと思ってしまっているのである。

ただ、両者とも、無意識の領域で自分はダメだと思っている点は共通している。

したがって、社会的に成功している人でも、自分に自信のない人は、自分を評価しない人に対して激しい敵意を示す。自信のある人は、悪意のある評価をする人とは無関係になろうとする。

こうして、前にも述べたように、自信のない人は、他から期待されていると感じる自分と、自分自身がもつ自己のイメージとのギャップに苦しむのである。

ところで、他から期待されていると感じている、その中身は正しいのであろうか。決して正しくはない。敵意を抑圧した情緒的に未熟な親が、子どもに完璧さを期待した結果、成長しても、親の期待と同じ期待を他人もまたしていると錯覚しているだけなのである。

ところが、世の中には敵意を抑圧していない人もいっぱいいる。他人に好意をもって生きている、愛情豊かな人がいっぱいいるのである。

劣等感に苦しんでいる人、傲慢な人、ひっこみ思案な人、抑うつ的傾向の人、無気力な人、受け身的依存の人、これらの人はまず、他人が自分に期待していると感じていることは間違っていると知るべきである。

つまり、恋人により好かれるためには、自分はこうなればよいと感じていることは間違っているのだ。同僚につきあってもらうためには、自分はこうならねばならないと思っていることも間違っている。学生時代の知人たちに、喜んでつきあってもらうためには、自分がこうなったらよいだろうと感じていることも間違っているのである。

一生懸命やってもうまくいかない人

他人のために、いろいろなことを一生懸命にやるのだけれども、なぜかうまくいかないという人は、まず、自分が何を抑圧しているかをはっきりさせるべきである。

他人に対する敵意を抑圧しているなら、いくら他人のために一生懸命働いても、うまくいくはずがない。

自分自身本当はケチでエゴイストであると感じているのに、その感じ方を抑圧して、他人に寛大なふりをしても、うまくいくはずがない。他人に対する憎悪を抑圧して、善意に満ちた微笑をふりまいても、他人との関係がうまくいくはずがない。

今までの自分の人生をふり返って、他人のために尽くしてきた、それなのに何もかもうまくいかないという人は、何か大きな抑圧をして、不自然な生き方をしてきたのである。

好きな男性のために、ただひたすら尽くしてきたつもりであった、それなのに恋愛はいつもうまくいかなかったという人もいるに違いない。自分としては子どもを可愛がってきた、子どものために自分の人生を犠牲にしてきたつもりであった、それなのになぜか子どもは暴力をふるうようになってしまったという人もいるだろう。

自分は教師として、自分でも感心するくらい生徒のために熱心に教育をしてきた、それなのになぜか自分に心底ついてくる生徒は一人もいなかったという人もいるだろう。

また、自分は、近所の人にはいつもほほえみかけ挨拶《あいさつ》を欠かしたことがなかった、それなのになぜかもうひとつ深いつきあいにならないという人もいるだろう。自分は部下のためにここまでしてやっているのに、なぜか部下は自分のいうことを素直に聞かない。そんな時、「自分はこんなにまでしているのに」と思う。そう思うと「くやしい」。つい相手を恩知らずだとか、ひどい人間だとか非難したくなる。

しかし、他人を非難したところで事態は好転するわけではない。事態を好転させたければ、自分は何を抑圧しているか、それをはっきりさせることである。


一生懸命他人のために尽くしながらも、なぜかうまくいかない人は、たとえば、人生というものを悲劇的なものと感じていないだろうか。

人間は完全に幸福になどなれないとか、悲惨なことが人間にはよく似合うとか、喜びは一瞬のことにすぎないとか、極端になると悲劇以外に人間の生きる道はないのだとか、そんな人生観をもっていないだろうか。

そうなってしまうのは、何かを抑圧しているからである。

敵意を抑圧しながら他人に親切にする。親切にされるほうも居心地が悪いが、親切にする人もどこか居心地が悪いはずである。居心地悪く生きることが人間には似合っているなどと感じているとすれば、それは何かを抑圧しているからである。

低い自己評価を抑圧して傲慢になれば、居心地の悪さは避けられない。何かを抑圧して生きている以上、居心地の悪さは避けられないのである。

自分は今まで、会社のために よく働いてきた、いわゆる〝会社人間〟であった。それなのになぜか、同期生はおろか、後輩にまで追い抜かれてしまう、努力しているわりにはどうもうまくいかないという人は、会社での生活に、どこか居心地の悪さがあったのではないだろうか。神経ばかり張りつめて、本当に心から話せる友人がいなかったのではないだろうか。

確かに〝会社人間〟であった。仕事もまじめにやった。周囲の人にも尽くした。しかし、会社にいることを楽しんだであろうか。仕事が楽しくて仕方なかったであろうか。周囲の人といると楽しくて、つい時の経つのを忘れることがあっただろうか。

会社の仕事や同僚が本当に好きなら、もっとリラックスしていたはずではないか。楽しいどころか、心のどこかに、苦しみに耐えることが立派だというような考えがあったのではないだろうか。

つまり、こうある〝べき〟だと考えて、絶えず自分に負けないようにしていただけの話ではなかったのか。

何かを抑圧して生きている人は、まず自分が何を抑圧しているかをはっきりさせ、一日もはやくその抑圧をやめることである。

どこかで自分を見下していないか

✣生きることを恐れる心理

傲慢な人間というのは、心の底で自分を軽蔑している。他人を見下しているようであるが、実は心の底で自分を見下しているのである。

傲慢な人間は、自分は卑劣な人間であるということを、無意識において知っている。自分はどんな人間であるかということについて、卑劣な、馬鹿げた人間であると感じている。そして、その感じ方を抑圧している。

したがって、日頃、権力や財産を背景にして傲慢に振舞っている人間が、たったひとりぼっちになった時は、不安げな、頼りない存在になってしまうのである。

傲慢な人間が自分を守る力を失った時は、一変して、他人に、恥も外聞もなく哀れみを乞《こ》う、情けない存在になってしまう。

傲慢な人間を上司にもったり、家主にもったりするとたまらない。徹底的にいじめられる。

彼は他人に対して尊大に振舞うことで、心の底にある低い自己評価が変わると思っている。他人に傲慢になり、他人を軽蔑することで自分に対する低い評価の感情から眼をそらせようとしているのである。

しかし、眼をそらすことはできても、低い自己評価そのものは変わることがない。

ハロルド・ラスウェルというアメリカの政治学者が、"*Power and Personality*"(権力とパーソナリティー)という本を書いている。その中で彼は、傲慢について、なぜ人が傲慢になるのかという起源をたずねていくと、やはり、自分をどう思っているかということにつきあたると述べている。

つまり、傲慢な人は、自分を恥ずべきものと思っているというのである。自分を*contemptible* で *ridiculous* で *dishonorable* であるとイメージしているというのである。

このラスウェルの名文と、『「甘え」の構造』(土居《どい》健郎《たけお》著 弘文堂刊)の次の部分をあわせ読んでみると、大変興味深いことがわかろう。

「身内にべたべた甘える者に限って、他人に対しては傍若無人・冷酷無比の態度に出ることが多いように観察される」

甘えの基礎にあるものは、低い自己評価なのである。

私は講演などの折りによく、自分自身を尊敬するようにという。すると時々、それを傲慢になることと勘違いする人がいる。しかし、これはまったく逆である。心の底で自分を尊敬している人は決して傲慢にならない。

劣等感は自分を傷つける

われわれは低い自己評価に打ち勝つために権力を要求することがある。権力を得ることで、低い自己評価を回復しようとするのは、ラスウェルの言葉を借りれば〝政治的タイプの人間〟である。

しかし人々は、このように積極的な努力によって心の底の低い自己評価に対処しようとするばかりではない。もうひとつの対処の仕方は、人間関係へアクティヴに参加することから退くことであると、ラスウェルはいう。

ただこの場合、自分一人が人間関係から身を引いてうつ病のようになっているのなら、その人自身の問題である。しかし、この人が家庭の中にその問題をもち帰ると、妻子の精神の歪みの原因になっていく。さまざまな心の病を生みだす家庭の父親は、外の世界で男として自信喪失し、家人に不断の称賛を要求するからである。

自分の低い自己評価について、人がどのように反応するかということは、その人をとりまく条件や、その人の性格によって異なろう。

いかに、権力を得ることが、低い自己評価を補完するのに有効であるからといって、臆病な人間が、そのような努力をするはずがない。その結果、おそらくは、家人に不断の称賛を要求するということになるのだろう。

しかしいずれにしても、これらの方法によって、低い自己評価から高い自己評価に変わることはないであろう。

低い自己評価を本質的に解決するためには、ありのままの自分を受け入れてくれる人を探すことである。

実際の自分を心から受け入れてくれる人を見つけることは、強大な権力を得ること以上に、自己評価を高めるのに有効である。そして、これこそ心の底の低い自己評価から生じる、さまざまな悩みを解決する最良の手段なのである。

政治的タイプの人間は、激しい、満たされざる尊敬への渇望によって特徴づけられるとラスウェルはいう。

確かに権力は、その渇望を満たしてくれるところがあろう。しかしこれは、ノドが渇いた時に塩水を飲むようなものではなかろうか。

それに、なぜそんなにまで尊敬、敬意を渇望するのかということを考えると、やはり、心の底の低い自己評価に行きつかざるを得ないであろう。

ラスウェルによると、暗殺を誘発するほど権力に執着する権力者もいれば、官職を退いて自殺する権力者もいるという。そして、再任や再選に失敗して、うつ病になる官吏もいるという。

権力を失ってうつ病になるという点を考えると、低い自己評価は権力獲得への動機となり得ることは理解できる。もちろん、これが権力獲得へのすべての動機でもあるまい。

うつ病の特徴は、何より低い自己評価ということである。

権力を握って傲慢になる人も、うつ病になる人も、ともに低い自己評価に苦しんでいるのであろう。その差は、低い自己評価が無意識の部分にあるか、意識にまでのぼっているかの違いだけである。


心の底で低い自己評価に苦しむ人は、権力者や社会的に地位の高い人や富める人に、アンビヴァレントな感情をいだいている。自己評価の低い人は、社会的地位の高い人とつきあうことを喜ぶ。劣等感の強い人は、社会的地位の高い人が好きである。

しかし、彼らは本当に喜んでいるのであろうか。その人たちを本当に好きなのであろうか。

決してそうではあるまい。そのような人とつきあうことを一方では確かに喜んでいるが、同時に他方ではそのような人を拒否している。一方では好きなのに、他方では反感をもっているのである。

本当に好きということは、好きなだけで、あとは何もないということである。

本当にそのような人を好きになるためには、自分のイメージが高くなければならないであろう。自分に自信がもてた時、初めて本当に好きになれるのである。

本当に好きな人の前では、自分を素直にさらけだすことができるはずである。

劣等感から人とつきあうと自分を傷つけるばかりである。それにしても、自分で自分を傷つけている人がこの世にはなんと多いことか。

✣ 必要以上に自分を低く見てはいけない

低い自己評価からくる苦しみを逃れようと傲慢になったり、またその苦しみのために人間関係から退いてしまったり、あるいは、妻子を相手にいばりちらしたりしている人は、どうしたらよいのであろうか。

前にも述べたように、実際の自分を受け入れてくれる人を探すことである。

では、そのように実際の自分を受け入れてくれる人とは、どんな人であろうか。

それは、自分が本当に好きになれる人である。今まで好きだと思っていた人、今までつきあいたいと思っていた人は、実は本当に好きな人ではなかったのである。

今までつきあいたいと思っていた人と一緒にいて、何かお互いの間に堅苦しい雰囲気がなかったであろうか、少なくともこちら側には、一緒にいる間じゅう、不安な緊張感がつきまとっていたであろう。何となく高まる焦燥感からくる疲れを感じたであろう。

つきあいたいのに、一緒にいると気を張りつめていなければならない。一緒にいると、楽しいというより、押し殺したような緊張した気分になる。

結局、今までのつきあいは、形式的、表面的でしかなかったのである。

一方でそのつきあいを喜び、他方でそのつきあいを拒否する。このようなアンビヴァレントなつきあいをしていたのでは、低い自己評価はいつになっても解決しない。

低い自己評価からくるさまざまな悩みは、自分が本当に好きになれる人とつきあうことで、すべて解決がついてしまうのである。

親友と酒を飲むと膀胱炎《ぼうこうえん》になるといった友人がいる。親友と酒を飲んでいると楽しくて話に熱中してしまい、トイレに行く時間さえついつい我慢しがちになるから、膀胱炎になるというのである。

親友との話の楽しさに引きずりこまれて、トイレに行きたいのさえ気づかない、あるいは気づいても、いいたい、聞きたいで、トイレに行くのをちょっと我慢して時間をついついのばしてしまう。

お互いに、相手に自分の才気《さいき》煥発《かんぱつ》ぶりを印象づけようと苦労していたら、胃をこわすことはあっても、膀胱炎になどならないであろう。

自己評価の低い人の今までのつきあいは、相手に敬意をあらわしながらも、その敬意の裏に敵意を付着させていたのではなかろうか。だから、どんなに明るく振舞っても、どこか冷たさをぬぐいきれなかったのである。

ラスウェルによると、尊敬に対する度をすぎた要求をもつ人は、くり返し酒に頼るという。

〝度をすぎた要求〟という英語は、*an excessive demand* であるが、ラスウェルは、これを *demands* と複数で書いているところを見ると、尊敬に対するさまざまな法外な要求のことをいいたいのであろう。

相手が自分にいろいろな点で服従することを求める、いちいち尊敬の念を表現することを求める、このような人間と酒を飲んでも楽しいわけがない。

相手がどんなに権力をもっていても、こんな人間と酒を飲めば、頭痛がしてくるだけであろう。

相手がどんなに富をもっていても、酒に溺《おぼ》れているような人間の相手をすべきではない。

よく「○○と酒を飲んだ」と得意になっている人がいる。そういっている人も、またその相手の人も、低い自己評価に苦しんでいることがある。

「○○と酒を飲んだ」と得意になっている人をよく観察してみるがいい、権威に憧れながらも、その憧れの裏に権威に対する敵意を付着させている。

これで本当に楽しいはずがない。生きるということは、楽しいことなのである。ところが、自分の内部で、さまざまなものがぶつかりあうから楽しくないのである。たとえば、権威に対する憧れと、権威に対する敵意がぶつかりあう。これで楽しいわけがない。

低い自己評価に苦しむ者が、同じく低い自己評価に苦しむ富者や権力者とつきあっても、何ら問題の解決にはならない。人間関係から退くのと本質的には同じことである。

本当に好きな人と一緒にいる時は、相手にあまりいろいろな要求をもたない。このことは、自分が今一緒にいる人を本当に好きかどうかの大切な目安になる。

先にラスウェルの〝要求〟というもとの言葉をわざわざ出したのも、そのためである。*excessive* であるだけでなく *demands* なのである。複数になっていることがおもしろい。

本当に好きな人と一緒にいれば、一緒にいるというだけで満足し、自分は相手にこういう態度で接してもらいたいといったような要求はなくなるのである。相手にこういう言葉づかいをしてもらいたいというような要求もなくなる。

だから、逆にいえば、服従に対する要求を相手に感じたら、相手は自分を本当に好きではないということである。

本当に好きな者同士であれば、相互の尊敬と理解はごく自然に生まれてきて、要求という形をとらない。

なぜ人に〝負い目〟を感じるのか

なぜ彼は自信を失ってしまったか

「テレフォン人生相談」をやって気がつくのは、自信喪失についての相談が多いことである。当の本人の場合もあるし、自分の恋人が自信を喪失しているが、どうしたらよいかという相談の場合もある。また、親が、自分の子どもの自信喪失について電話をかけてくる時もある。

「いつもクヨクヨしているんですよね」

「男なんだから、もっと自信もってほしいのに、自分からは何もできないんです」

「なんかいつも嘆いてばっかりで、何もしてくれないんです」

「俺はダメだってそればかりいっているんです。でも美男子なんですよ。私には、どうして、俺はダメだっていうのかわからないんです」
いつも意気消沈し、悲嘆にくれているその無気力さに恋人のほうは嫌気がさしている。しかし彼女は、彼が美男子であることに惹《ひ》かれている。彼女から見れば、何も悲嘆にくれる理由などないのにもかかわらず、彼は空虚な悲嘆にくれている。

元気がなかったり、無感動だったり、臆病だったりというような人を見て、元気な人は「なぜ？」と思う。だが、元気な人から見て、あるいは表面的に見て理由のわからない問題ほど、実は根源的な問題であることが多い。

気力、生命力、気迫、感動、能動性、愛などという生きるうえで根源的なものは、意志の力ではどうしようもできないものである。

気迫のない人間が、気迫をもとうという意志をもったからといって、気迫が出てくるわけではない。根源的なるものは意のままにならぬ、だからこそ人生にはいろいろな問題が出てくる。

「もっと元気出しなさいよ！」「どうしてそんなに元気ないのよ！」と相手を責める人は、根源的なるものは、その人自身の意のままになるという前提に立っている。

あるいは、相手がクヨクヨしてはっきりしない態度でいることに、自分のほうが腹を立てて、うっぷんを晴らしているにすぎない。

相手の女性を誘っているのかいないのかわからないような、煮えきらない態度をとる男性自身、自分の煮えきらない態度に苦しんでいるのである。

「どうしよう?」と何かを聞かれると、はっきりした態度をどうしてもとれない。グズグズしていて煮えきらない。相手はその煮えきらなさに腹を立てるが、当の本人も、自分の基礎的性格が再編成されないかぎり、どうにもならないのである。

電話での相談などの場合は、本人の過去について長々と聞いているわけにはいかないが、たいていは長い恐怖の生活を過去にもっている。その人は、長いこと不安感と恐怖感にさいなまれて生きてきたのである。

たとえば、我執《がしゅう》の強い親に育てられ、〝従順なよい子〟であることを要請されつづけて生きてきた。あるいは、社会的体面を維持するため、劣等感の強い親に「偉くなれ」という要請をされ、その期待の実現に失敗して萎縮《いしゅく》してしまった。

これらの経験のくり返しによって、対人恐怖になり、他人の気持ちを推測することばかり先行して、自分の本当の気持ちが自分にもわからなくなっているのである。「今度の日曜日、どうする？」と聞かれても、質問された当の本人がわからないのである。だから煮えきらない。また、質問した人に対する健康な信頼感や連帯感ももてない。

誘いを断わったら嫌われるのではないか、本当に自分を誘ってくれているのだろうか、招待に応じたらあつかましいと思われやしないか、相手は本当はどこにも行きたくはないのではないか――他人に対する信頼感や連帯感がないから、このように自意識過剰、他意識過剰になる。自意識過剰なのだけれど、真の自己は不在である。

だから、「テレフォン人生相談」のある女性のように「私も女ですから、男の人から誘ってもらいたいんですよね」という不満が出るのである。

しかし、自己不在の悲嘆にくれる男性は、誘ったら変な人と思われやしないかという意識が先行する、また、どう誘っていいかもよくわからない。そして、誘わないまま別れれば、誘えばよかったとクヨクヨする。

女性のほうは女性のほうで、「私も女ですから、自分から誘ってあつかましい女と思われたくないんですよね」となる。そして、「どうしてあの人は、自信がないんだろう」と腹も立ち、第三者に相談することになる。

こういう男性は、デートの間じゅう煮えきらない態度だけは終始一貫していたりする。そして、煮えきらないわりにはいつも緊張しているのである。相手の女性に嫌われやしないかと、いつも内心ビクビクしているからである。こんなことをいったら軽蔑されないかと、不安な緊張の連続となる。

そして、自己は地獄となる。好かれたい、尊敬されたいと緊張しながら、結果としては尊敬されない。自己は地獄となりながらも自分の求めるものは手に入らない。

自己がすでに地獄となっているから、どうでもよいことにいつまでもグズグズ、クヨクヨしているのである。

それをさらに、恋人から「もっと男らしくハキハキしなさいよ」とか「もっと自信をもって」とか要求されたら、いよいよ自己は地獄と化し、悲嘆は深まるばかりになる。

もしこの人に、自信のある積極的な男性になってもらいたいなら、積極的であることを相手に要求するのではなく、相手の消極性を受け入れることである。

彼は今まで、生きることを長いこと恐れてきた。他人に所有されることはあっても、受け入れられることはなかったからである。

生きることは何も怖くなどないのだと感じるためには、ありのままの自分を一度他人に受け入れてもらう必要があろう。

いつも何かに追われている気がする……

自分を見失っている者に、勇気をもて、自信をもて、元気を出せといっても、よけいに自分を見失うばかりであろう。

自分を見失っている者に対して親切であるということは、自分を見出させてあげることである。そのためには、自分を見失っているその人を、見失ったままで受け入れてあげることである。

受け入れられるとは、その人がつきあいにおいて自分に負い目を感じなくてもいいということである。

恩きせがましい親に育てられた子どもは、決定的に負い目を感じて歪んでしまう。恩きせがましさによって、その子は自分自身が生きること、そのことに負い目を感じるようになってしまう。

ここにこそ、最低の父親とは子どもに感謝を要求する父親である、ということの意味がある。

恩きせがましい親に育てられた子どもは、負い目の重荷を背負いながら生きることになる。人に堂々と接することができない。他人に何か頼むことができない。何かを頼むということは、負い目の重荷を増すことでしかないからである。

身近な人にさえ、「これをしてほしい」ということがいえない。無力な幼児の頃から感謝を要求されて育ち、自分の存在そのものに負い目を感じているからである。

何をするのにも、絶えず気がひけている。何も気がひける必要のないところでも気がひける。

あるビジネスマンは、バーに行ってお金を払って飲んでいるのに、カウンターの向こうにホステスが来ると疲れるという。ホステスが自分の話に退屈するのではないかと思うと、苦痛だというのである。

ホステスは別に、恩きせがましくお客の前に来て話を聞くわけではないであろう。

しかし、そのように育てられると、すべての人に恩きせがましい息苦しさを感じてしまうのである。

そしてホステスが席をはずすと、ほっとする一方、やっぱり話がつまらなかったのだとしょげ返ってしまう。

こういう人は絶えず負い目の重荷を感じているから、人に会うと、まず「すみません」と謝ってしまう。客観的に謝る必要のないところで、思わず謝ってしまうのである。

ほんのちょっとした失敗でもオーバーに謝る。オーバーに謝っても内心の安定は回復しない。気がすまないのである。そこで二回も三回もくどいほど謝ったりする。ちょっと約束の時間を間違える、出すようにいわれた手紙を出し忘れるなど、たいしたことのない失敗で、大変な気分の動揺をきたす人がいる。相手はそのことで自分を責めていないのに、責められているような気になってしまう。

あるビジネスマンは、ゴルフに行く時は必ず、気持ちが動揺する。奥さんに責められているように感じてしまうのである。絶えず家のために働いていないと負い目があるから、責められていると感じてしまうのである。奥さんはご主人がゴルフに行くのを実際には責めていない。

彼はほんのわずかの負い目も避けたいのである。自分が今現在背負っている負い目の重荷で、もう精いっぱいなのである。自分のためにやることはすべて負い目を増すだけである。

負い目の重荷がいよいよ苦痛になると、肉体的に必要な、休息することにすら安住できなくなる。自分のための休息は良心の負担にまでなる。したがって、家でゴロゴロしていても気持ちは休まらない。義務を果たしていると他人が見てくれている時が、最も安心できる。

負い目のない健康な人から見れば、「思いきって休んだら？」とか、「思いきって二、三日旅行にでも行ってきたら？」とかなるのであるが、二、三日旅行に行くなどということは、良心の負担を増すばかりで、とんでもない話である。

だからといっていつも疲れている。いつも休みたいが決して思いきっては休めない。何かすっきりしない毎日である。それを見ている健康な人は、「どうして、もっとはっきりしないのだろう」と首をかしげることになる。

自分の仕事に対する要求水準が質、量ともに高くて休めないのである。負い目を感じている人間は、会社の仕事をよく家にもち帰る。切り換えができないのである。

ドイツの精神医学者、フーベルトゥス・テレンバッハの『メランコリー』（木村敏《びん》訳　みすず書房刊）には「仕事の量は、時として信じがたいほど大量になる場合がある。まるで、仕事に魅せられたような働きぶりで――休日にも――仕事から解放されたという感情は決しておこらないし、仕事から解放されようというような気もおこらない。だから多くの患者は一度も定期的な休暇をとったことがないということになる。何人かの患者は二十年来一回も休暇をとらなかったという」とある。

自分の仕事での要求水準をさげられなかったのは、結局は、心の底の低い自己評価が原因であろう。

負い目のある人間はそれゆえにいつも疲れている。仕事においても、対人関係においても、自己への要求水準が高すぎて、実際の自分はついていかれない。そこに負い目が生まれる。

家庭の主婦などでも、家に座っていられないという人がいる。夜中まで編みものをやめられないという人もいる。

高すぎる自我理想が苦しめている

これらの人にとって必要なのは、「頑張れ！」と励まされることではない。必要なのは、一緒にいても負い目を感じさせないことである。

一緒に何かをしていても負い目を感じさせない人、一緒に話をしていても負い目を感じさせない人、一緒に散歩をしていても負い目を感じさせない人。そんな人を、彼らは必要としているのである。

社会的権威のある人などは最も好ましくない。負い目のある人はもともと、社会的体面を重んじる家庭で育っている可能性が多く、それらの家庭には主権的人物がいて、服従依存の関係を結ばされてきたからである。

だから、社会的権威のある人の前に来ると、体裁をつくろい、緊張し、理由もなく負い目を感じる。何かその人に対して自分が役立たねばならないように感じてしまう。幼年期からもっている自我理想に向かっての努力を、なおいっそうしなければならないように感じてしまう。

負い目のある人に必要なのは、社会的権威はないけれど情緒的に成熟していて、欠点をとがめたり、妙に励ましたりしない人である。むしろ自我理想への要請を軽減させてくれるような人である。今の自分でも、相手に引け目を感じなくて一緒にいられる人である。

もっとも、他人の罪にまで罪責感をもつ人であるから、引け目なくつきあえる人を探すということは大変困難ではある。

このように、引け目、負い目に苦しんでいる人は、今まで私の知るかぎり、我執の人に所有されてきていることが多い。父親や母親が我執の人であった、あるいは世話をしてくれたおばあさんやおじいさんが我執の人であったということが多い。

我執の人に何かしてもらったら、してもらった側は、してもらったという恩を心に焼きつけなければならない。その感謝の念を少しでも忘れたり、相手に示さなかった場合、ひどく苦しめられる。

負い目に苦しんでいるある人が、次のようなことを話してくれた。

まだ小学生の頃であった。自分ではどうしてかわからなかったが、父親が突然怒りだした。兄弟四人が居間に集められ、父は鬼のような顔をしてみんなをにらみつけた。

そして、「明日からおまえたちは、働きに行け」と怒鳴り、「何もおまえたちを食べさせてやらなければならないことはない、俺が働いて、おまえらが遊んでていいなどということはどこにもないんだ！」と怒り狂ったという。

兄弟の誰かが、その我執の強い父親に、充分感謝の気持ちを表現するのを忘れたらしいのである。

つまり、我執の強い人に育てられるということは、朝食を食べさせてもらう、学校に行かせてもらう、こんないい服を着せてもらう、お弁当をもたせてもらう、勉強させてもらう、晩ごはんを食べさせてもらう、雨露しのげる家にいさせてもらう、寝る場所を与えてもらう……ということになる。もう、五体を親からゆずり受けて、息もさせてもらっているという感じなのである。

充分に感謝の情を表現しているかぎり、これらの親はべとべとに子どもに密着して愛する。もちろん、愛するといっても我執の人の愛であるから、相手の存在をそのまま受け入れるというのではない。

我執の反対は受容である。我執の人の愛とは、所有することである。しかし当の本人は、自分の愛は強いと信じている。我執の父親は、妻子のほんのささいな行動にすぐに怒りだす。そして次のようにいう。

「俺がこんなに愛情深くなければ、ここまではいわないんだ」

これはその父親がよく使う表現だったという。つまり、妻子のことを考えるからこそ、要求が多くなるということである。

この我執の人の、自己本位の強い愛情にからみつかれたら、到底リラックスはできない。息づまるような重苦しい雰囲気になり、あるのはただ、苦渋に満ちた束縛感だけである。

しかし、ここで大切なのは、「私は自由だ」ということを、子どもはその我執の父親に伝えることである。そうでないかぎり、この我執の人は怒り狂う。「俺がこんなに愛しているのに……」ということになる。

したがって、恋愛の場合であれば、たいていは息苦しくなって逃げだしてしまう。そして、体面上逃げだせない人は、〝所有〟されて、気力を吸いとられ、やがて無気力で疲れはてて、自暴自棄になっていく。

我執の人は愛しているつもりでも、実は憎んでいるのである。そして、相手を自由にしているつもりでも、束縛しているのである。

したがって、相手が自分の〝愛〟に応えないと怒る。自分は愛しているつもりであるから、相手がそれに知らん顔すれば、「いったいどういうつもりかね」ということになる。

恋愛の場合なら、賢明な人は逃げだしていく。しかし、親子関係ではそうはいかない。そのうち子どもは、引け目、負い目、自己無価値感に苦しむようになる。

というのは、何をしてもらうにしても常に感謝を要求されるからである。つまり、ありのままの自分は、そのままでは、他人に何か世話をしてもらうだけの価値がないのだということなのである。

また、相手は自分に何かすることを決して喜んではいないということである。もし喜んでいれば、そんなに恩きせがましいはずがない。

かくて、このような我執の人に育てられた人は、他人は喜んで自分とつきあうことはない、自分はいつも他人の負担になっているのだという感情を、自分の中に根づかせることになる。

父親とお風呂に一緒に入って背中を流してあげても「ありがとうございました」といわなければならなかった、と語った人がいる。

どこかで食事をさせてもらえば「ありがとうございました」、どこかに散歩につれていってもらえば「ありがとうございました」……何をしても「ありがとうございました」と幼い日からいいつづけていれば、ありのままの自分に負い目を感じてくるのは、当然である。

自分を救う〝心の温かさ〟とは？

これらの人は、先に述べたように、我執の人と正反対の人とつきあうことである。我執の人は本質的に冷たい人である。だから、温かい人とつきあわなければならない。

〝温かさ〟とは、骨惜しみしないということである。冷たい人は、骨惜しみをする。温かい人は、他人のために骨折ることを苦痛には感じていない。いや、むしろ逆に楽しんでいる。

この点が、我執の強い人に育てられた人にはどうしても理解できないところなのである。しかし、この点こそ、自己無価値感、負い目の苦痛から解放されるためのポイントでもある。

負い目のある人、自己無価値感に苦しんでいる人は、人に何かしてもらうと、どうしても何かお返しをしなければならないと思ってしまう。他人と一時間喫茶店で話しても、その相手に自分が何らかの利益を与えなければならないと感じてしまう。

幼児の頃から親に話をしてもらったのである。話しあって楽しんだのではなく、してもらったのである。だから、そのお返しをしなければならない。

我執の強い親に育てられた人は、どうしても、自分と話してくれる人は迷惑しているだろうと感じてしまう。相手は自分と話して楽しんでいる、だから自分は何も相手に尽くさなくてもよい、ということが理解しにくい。

心の温かい人は、相手に世話することを楽しんでいる。したがって、心の温かい人に世話してもらったからといって、そんなに心の負担を感じる必要はない。世話をされたことで、もう相手にお礼はできている。

ところが、このことが、我執の強い人、つまり心の冷たい人にかこまれて育った人には理解できない。心の冷たい人にとって、相手を世話することは、嫌なことなのである。迷惑をかけられたことになる。だから世話をされたほうは、心の負担を感じなければならない。

心の温かい人は相手を受け入れるが、心の冷たい人は相手を所有する。

所有するということは、自分の原理を押しつけるということである。

たとえば、恋人を所有している人は、恋人が自分と関係のない世界で楽しい時をすごすことを喜べない。我執の強烈な父親は、息子が自分の世界から巣立っていくことを喜べない。

ところが、心の温かい人、相手を受け入れることのできる人は逆である。つまり、自分の恋人が自分と関係のない友人たちと楽しくすごしたということを聞いて、嬉しく思う。

同じことを一方は嬉しく思い、他方は不愉快に思うのである。

自分の存在に負い目を感じている人、無意味に苦しんでいる人は、自分のことをまったく逆に感じる人々がこの世にいるのだということを納得できない。

彼らは、地獄の人々にかこまれて生きてきたのである。

生きることが地獄となっている奥さんに、ご主人が、友人と楽しく酒を飲んできたといえば不愉快な顔をされる。

しかし、生きることが天国である奥さんに、ご主人が、友人と楽しく酒を飲んできたといえばどうなるか。奥さんは「ああ、よかったわね」と、嬉しそうな顔になる。

したがって、楽しく酒を飲んできたことに負い目など感じる必要はない。

自己無価値感に苦しむ人々は、我執の人の役に立つか、それとも役に立てなくて不愉快な顔をされるかしながら生きてきたのである。

このようにして育てば、誰だって、つきあいに自信がもてるはずがない。

不機嫌・不愉快にどう対処するか

他人は自分とつきあうことを喜んではいない、というような自己無価値感に苦しんでいる人は、もうひとつ別の感情をもっていることが多い。

それは自己罪責感である。つまり、何か悪いことがあると、自分に責任がないのに、自分に責任があるように感じてしまうのである。

誰かが腹を立てて怒っている。すると、自分がその人を怒らせたわけではないのに、自分が悪いように感じてしまう。何かグループで不愉快なことがある。すると、自分が原因ではないのに、自分が悪いと感じてしまって、いたたまれない気持ちになる。

なぜであろうか？

不機嫌な人は、自分の自我が未形成であるから不機嫌になったなどとは、決して認めない。不機嫌になった夫は、妻子のあげ足をとり、そこに自分の怒りの原因を押しつける。父親が不機嫌になると、子どもは常にその原因で責められる。子どもは、自分が原因で父親が不機嫌になったと感じるように、強制されていくのである。

よく不機嫌になる人は、いったん不機嫌になるとなかなか機嫌がなおらない。「テレフォン人生相談」によくかかってくる電話の内容は、夫が、ハシの並べ方ひとつで不機嫌になり、夜中の二時、三時までネチネチと怒っているというものである。

「こういうように乱雑にハシを並べるのは、俺を大切にする気持ちがないからだ、俺は仕事で疲れているんだ、少しは俺のこともわかってくれないかなあ、これじゃかなわないなあ、俺は本当に疲れているんだ、並べ方そのものを俺はいっているんじゃないんだ、並べる時の気持ちをいっているんだよ、俺のいっているのは気持ちなんだよ、それが君にはわからないのかい、ひどいねえ、いったいどういうつもりなんだ。かなわないなあ、疲れて帰ってきて、こんな不愉快な気持ちで食事させられるのは。俺はまた明日仕事があるんだよ、やだなあ、これだけ俺が一生懸命やっていて、しかもこれじゃ、俺ももたないよ、俺がこんなに家庭のことを真剣に考えるから、かえっていけないのかなあ。

君は俺を不愉快にして喜んでいるんじゃないのかい、俺をこんなにしちゃって、あぁ、たまらないなあ……」

このようにネチネチクドクドとやられたら、誰だって逃げだしたくなる。しかし、妻は逃げだせても、幼い子どもは逃げだせない。そのうちに子どもが、何か悪いことがあると自分が悪いと感じてしまうのは当然であろう。

あるうつ病患者は、小さい頃、元気がなくて、親に「元気がなくてすみません」と謝っていたという記憶を語ってくれた。

不機嫌な親は、子どもの不機嫌に動揺する。そして子どもの不機嫌を責める。

「何が気に入らなくて、そんな顔をしているんだ。嫌だなあ、家の中が不愉快になって」

そうなると子どもは、常に元気で笑顔をつくっていなければならない。喜んでいなければならない。喜んでいない状態は、子どもに罪の意識を覚えさせる。

そのような家庭にあっては、元気でいること、喜んでいることは、子どもの親に対する義務である。義務をおこたれば罪責感をもって当然である。子どもは親の要求を内面化し、その要求を義務と感じるようになる。したがって、「元気がなくてすみません」と親に謝るという、痛々しいことが起きてくる。

そのような子どもが元気に楽しんでいる姿は、きわめて不自然な印象を与えるが、親は他人の気持ちにはきわめて鈍感であるから、それがわからない。

それはちょうど躁病《そうびょう》者が楽しむ時の姿と同じなのである。テレンバッハの『メランコリー』の中にも、それはよく記されている。

躁期間中に〝喜ばなければならない〟のにもかかわらず、〝喜べない〟という状態は、躁病者にとって、絶対的な苦痛となる。

まさに負い目を感じて生きている人は、喜ばなければならないのである。喜ぶことによって、親を自己満足させなければならない。喜んでみせることで親を無力感から解放させなければならない。

それができなければ、親の不機嫌に責められることになる。

かくて子どもは、成長してから長期にわたって、不眠、悲哀感、焦燥感、不安感に苦しむことになる。そして、情緒的成熟は停止し、感情は本人から分離してしまう。

このような子どもは、成長してから、他人の感情に責任を感じてしまうのである。したがって、自分とは関係のない他人の不機嫌に巻きこまれてしまうし、何か不愉快な雰囲気がその場をおおうと、自分が責められているように感じてしまう。

よく、会話がとぎれた空白の時間に耐えられないという人がいる。それはその人だけの責任ではないのに、耐えられなくなるのである。

要するに、このような子どもは、成長してからも人間関係における要求水準がきわめて高い。

他人を喜ばせなければならない、他人を愉快にさせなければならない、しかしこの要求水準に通常は遅れをとる。そして、この遅れをとるという事態の本質が負い目を感じることなのである。

✣〝なすべきこと〟と〝できること〟をきちんと見定める

負い目について『メランコリー』に、「自己の要求水準に遅れをとるという、かかる事態の本質をなすものは、あらゆる場合において負い目を負うことである」と明記されている。そのとおりであろう。

自分のなすべきことへの要請が大きすぎる。したがって、その要請を果たせない。ここから負い目が出てくる。しかし、彼が考えているなすべきことは、本来彼のなすべきことではないのである。

「他人の疝気《せんき》を頭痛に病む」ということわざがある。他人の腰や腹が痛いのは自分の責任ではない。そんなことで頭痛になることはないのである。

前にも述べたとおり、卵を見て、時を告げることを期待した人がいたら、その期待した人が悪いのである。時を告げられない卵が負い目を感じることはない。

性生活においても、夫に負い目を感じて、うまくいかない女性がいる。彼女の自分に対する要求水準が高いのである。夫を喜ばせなければならないと感じてしまう。夫を喜ばせることは自分の義務であると感じてしまう。夫が喜ばなければ彼女は憂うつになる。

それは男性の性不能についても同じである。相手の女性が喜ばなければ負い目を感じ、喜ばせよう喜ばせようと気持ちが焦り、不能に陥っていく。

絶えず恩にきせられ、何かあると迷惑そうな顔をされながら育った人は、今、ただここに生きていることにさえ、負い目を感じてしまうのである。

負い目に苦しんでいる人は、幼い日、周囲から要求されることが大きすぎたのである。こうして成長し、社会人となった彼らが、客観的に休息する時間はあっても、心理的に追いたてられて休息できないということも、理解できるであろう。

はじめのほうで述べた、休日でも休めない人、休日にゴルフに行くと奥さんに責められているような気持ちになる人、あとのほうで述べた、他人の不機嫌に何となく巻きこまれて嫌な気持ちになる人、他人が喜ばないと自分が責められているように感じてしまう人、これらの人は、みんな同じことに苦しんでいるのである。

前者は仕事にあらわれる負い目であり、後者は人間関係にあらわれる負い目である。

いつも仕事に追われているほうが気が楽な人と、いつも他人のために尽くしているほうが気が楽な人は、ともに生きることの負い目に苦しんでいるのである。どちらも、自分自身に遅れをとっている。自分の要求水準を実現できなくて焦っているのである。

絶えず負い目を感じながら生きている人は、あるべき自分と実際の自分との隔《へだ》たりがあまりにも大きい。『夜と霧』の著者でオーストリアの精神科医、ヴィクトル・フランクルの言葉を借りるなら、まさに〝越えられぬ深淵〟なのである。

仕事における自己に対する高すぎる要求水準であろうと、人間関係における自己に対する高すぎる要求水準であろうと、なぜそんなにまで高い要求水準が出てきたのか。それはいうまでもなく親の高すぎる要求を内面化したからである。

先に、仕事や試合や試験を前にして、不安な緊張にとらわれ、力を発揮できないことについて述べた。〝かたくなる〟ことの原因である。

これもやはり要求水準が高いからなのであろう。質においても量においても要求水準が高い。彼は見事にそれをやらねばならない。幼い日、失敗すると親に失望されて傷ついたことについては前に述べたとおりである。

You can't disappoint me.（あなたは私を失望させることはできない）

このような親をもった子どもは、決して生きることに負い目を感じないであろう。

嫌いな自分・悪い自分とどうつきあうか

まわりの評価が気になる人

八方美人で抑うつ的になってしまう人は、なぜそんなに他人の拒否を恐れるのか、なぜそんなに他人の評価が必要なのか。

他人の評価に飢えているから、他人に評価されるのが嬉しい。それはわかる。しかしそれにしても、なぜそんなに他人の評価に飢えているのか。

几帳面《きちようめん》で、勤勉で、仕事量が多くても手を抜かないような立派な人が、なぜ自分で自分を立派だと評価できないのか。

その人は正直で、ごまかしやずぼらができない結果、疲労がたまる。それでも仕事から離れることができない。

なぜ休養をとることができないのか、なぜコチコチで趣味をもてないのか。自分への要求水準が高いのも、その人が他人の拒否を恐れて気に入られようとしているからにすぎない。

おそらく八方美人から抑うつ的になる人は、生まれて以来一度も、ありのままの自分を受け入れられたことがなかったのではないか。

小さい頃から〝悪い自分〟は周囲から否認され、〝よい自分〟だけが周囲に受け入れられてきた。小さい頃、親はただの一度だって、〝よい自分〟も〝悪い自分〟も同一人物であるとして受け入れたことはなかった。

周囲にとって都合のよくない〝悪い自分〟は常に否認され、その人は〝悪い自分〟を自分の自我から追放しようとした。自分でも〝悪い自分〟を否認し、こんなのは自分ではないとして、無意識の領域へと抑圧してしまった。

その結果として、〝現実の自分〟からまったく分離した自分を、本当の自分であると思ってきた。いや、それが自分であらねばならないと頑張ってきた。

他人との摩擦を避けよう、他人に迷惑をかけまいとするのも、他人の拒否を恐れたからである。

それは幼児の頃から、親に迷惑をかけた時、親が激しく拒否したからではなかろうか。その激しい拒否に接して、その人は、現実の自分の一部である〝親に迷惑をかける自分〟を自ら切り捨てて、親に受け入れられようとした。そんな自分を自分の一部にしているかぎり周囲から拒否され、生きていかれなかったからである。

〝親に迷惑をかける自分〟を切り捨て、親に迷惑をかけない〝よい子〟になった。

しかしそれと同時に、他人に迷惑をかけることを極度に恐れるようになった。迷惑をかけて他人に拒否されることを恐れるようになった。

かくて、その人は迷惑をかけそうな状況になると、極度の不安と緊張におそわれるようになった。もはや、幼児の頃と大人になってからの状況とは異なっているのに、いつまでも同じように感じているのである。

小さい頃、食事の時、あるものを「まずい」といった。その時親がものすごく不機嫌な顔をした。そして、何時間もそのことでなじられた。その人は、それ以後、おいしいものでもまずいものでも、同じように「おいしい、おいしい」といって、親に気に入られようとするようになった。

親からの拒否を恐れて、「まずい」といえなくなった人は、大人になってからも、絶えず「おいしい」といっては他人に気に入られようとする。

その人にとって、もはや食べものの味は関係なくなる。ただひたすら気に入られようとして「おいしい、おいしい」というだけの大人になっていく。

この世の中には、おいしいものは「おいしい」といい、まずいものは「まずい」といっても、受け入れてくれる人がいる。それなのに、世の中の人はみんな、自分の親と同じように、「まずい」といえば自分を拒否すると信じているのである。

その人は、親から陰湿に否認された自分を、自分自身でも否認する。〝よい自分〟のみを自分の中にとり入れようとすることによって、自らありのままの自分を受け入れられなくしているのである。

他人の差し出すものには「おいしい、おいしい」と愛想よく振舞いながらも、真の人間関係は確立されない。他人に協調的であるのも、孤立することを恐れるからである。その不安を逃れるために大人になって必要なのが、周囲の人の高い評価なのである。

なぜ背伸びをしてしまうのか

絶えず不安に動かされ、仕事熱心でコチコチの趣味なし人間であるという人は、一度一人静かな場所で、自らをふり返ってみることが必要である。

そして、自分自身に問いかけてみることである。

「生まれて以来、自分はありのままの自分を他人に受け入れてもらったことがあっただろうか?」「生まれて以来、親はありのままの自分を一度でも愛してくれたことがあっただろうか?」と。

自分は愛された、ただ、「まずい」と感じても「おいしい」といった時。自分は愛された、ただ、遊びにいきたいのを我慢してお使いにいった時。自分は愛された、ただ、頭が痛くても我慢して家の掃除をした時。自分は愛された、ただ、疲れていても寝ないで勉強した時……。

そうして気がつくに違いない。自分は生まれてから一度だって〝ありのままの自分〟を愛されたことなどないのだ、と。

その人は責任感が強く、義務感、正義感も強い。それなのに、自己に対する要求水準の異常な高さはどこからくるのか。

それは、周囲からの大きな期待を感じ、その期待を裏切ることへの過度の恐怖心からくるのである。

だからこそ、優柔不断なのである。優柔不断なくせに、責任感だけは強い。その結果、たとえばその人の部下は迷惑を被っている。

その人は周囲に評価されようと、強い責任感をもつが、結果として部下は〝やりきれない〟のである。その人のビジネスマンとしての責任感は、小さい頃、母親の成功に対する期待に沿おうとしていた時と同じものではないのか。

家庭の社会的評価を向上させようとした親、その役割を自分に期待した親、その親の要請に従おうと一生懸命だった自分、その結果として、絶えず重圧を感じていた自分、その自分から、今のコチコチできまじめな自分は一歩も出ていないのではないか。

その人は自己中心的な親に巧妙に飼い馴らされてしまった。欲求不満の親の要請に迎合的態度で応えるようにしむけられたのである。

疲労がたまっても仕事から離れられない人は、その迎合的態度の自分から、一歩も出ていない。

親に黙々と従属していたその人は、親の要請する生き方に疑問をもたずに従った。親の求めるように生きた。そして今、その人は大人になった。

しかし、疲れても休養もとれない人は、かつての従属の自分から、はたして成長しているのであろうか。

肉体的には大人になった。社会的には成人になった。しかし、その人の情緒は、あの相互密着の時代のままなのではなかろうか。だから背伸びをする。背伸びをすると興味がわかない。そして、常に重圧感がある。

その人の育った家庭は、経済的水準を高め、威信を獲得することで地域社会に受け入れられようとした。

その人が今、会社や学校でやっていることは、それと同じことではないのか。

まず生活習慣を変えてみる

その人は親から子どもとして認知された。しかし、子どもを認知することと、子どもを自分とは別個の人格として認識することは違う。

その人は親から認知されはしたが、別個の人格として認識されたことはないのではないか。親は、その人を客観的にとらえることができない。

よい自分のみ親に受け入れられ、悪い自分は否認された。親はその人を〝よい子〟だと認知している。

しかし客観的には、その人はよい子などではない。その人の中には、我執の親にとっては好ましくない攻撃性のようなものも当然あるのである。

犬は、新しいところに行けば、そこらの建物や木にオシッコをひっかける。

たとえば、新しい家に犬をつれて引越しをしたとする。犬らしい犬は、その大切な新居にオシッコをひっかける。

犬のこの性質を否認したらどうなるか、主人にとって都合のよい性質だけを受け入れ、都合の悪い性質を拒否したら犬はどうなるか。

主人にとっては、〝よい犬〟かもしれないが、犬はおかしくなるであろう。

家庭にとっての〝よい子〟、それが大人になって、企業にとっての〝よい社員〟となる。そして、そんな〝よい人〟が、抑うつ状態になるのである。

「角を矯《た》めて牛を殺す」ということわざがある。欠点をなおそうとして、物事の全体をダメにしてしまうことをいう。角をまっすぐになおして、牛が牛であろうか。問題のある親が子どものよい点のみを受け入れ、悪い点を否認するのは、これと同じである。

牛の角にあたるのが、たとえば、子どもの攻撃性であったり、自己主張であったりしよう。

欠点と思えるのは、あくまで親にとって都合が悪いということでしかない。

曲がった角は決して牛にとって都合が悪いわけではない。

理想の子どものイメージを追求する親が、子どもと一体化してやっていることは、まさに牛の角を矯めていることなのである。その結果、牛が牛でなくなるように、子どもは子どもでなくなる。そして現在、子どもらしさを失った子どものなんと多いことか。

曲がった角のあるのが牛なのである。

もしその人が本当に親に愛され、健康に育ったとすれば、どうしてそんなに疲れて神経質になっていることがあろうか。

抑うつ的で負い目のある人は、休息と安らぎを得られる客観的条件がととのっても、なぜか内からの刺激で、休息と安らぎを得られない。

その人は、親からの社会的評価向上への要請を、まるで愛の如く錯覚した。その要請の方向に沿う行動は受け入れられ、称賛された。その要請に沿わない行動は否認された。

一度だって本当に愛されたことがなかったのである。本当に愛されたことがあるとすれば、どうしてそんなに生きるのが怖いのだろう。

その人の親にとって、家の社会的体面は、子どもの個性よりも大切であったのである。子どもが、社会的体面を重視するかぎり、無個性の子どもを親は〝個性的〟と認めた。

その人の家では社会的評価向上の要請は万能であった。その線に沿うかぎり、どんな画一的な行動も、個性的行動となったのである。個性を認めるといっても、それはあくまで家族の一員としての範囲内での個性であり、その枠組みはできあがっていた。その枠組みを越えることは固く禁じられているのである。

そうやって育てられているうちに、まるで他人の評価なしには生きていけないような錯覚をもってしまった。

そして、自らの活動そのものを楽しむ能力を喪失してしまった。自らが達成したことを自ら評価し、自ら楽しむことができなくなってしまったのである。

今その人にとって必要なことは、生活習慣を変えることである。他人に評価してもらう活動から、自ら楽しめそうな活動へ、できるかぎり活動を変えていくことである。

自分のほうから希望を捨てているのに気がつかない

ところで、角を矯められた牛のようになってしまった人間はどうなるであろうか。

親が受け入れてくれなかった悪い自分を、自分もまた受け入れなかった結果として、表面的に見れば、勉強熱心な学生から、仕事熱心なビジネスマンに、社会的には成長し、悪いことはしない、きまじめな、コチコチの人間として企業の中で働いている。

「痩《や》せ馬の道いそぎ」ということわざがある。気ばかり焦って効果があがらないことをいう。彼はそのように働きながらも、心の底から交流できる友人というものをもっているであろうか？

表面的な友人は何人もいるかもしれない。しかし、表層的な浅い接触ではなしに、心の底から接触する友人はもっていないのではなかろうか。

彼が死んだら、いつまでも彼はそうした友人の脳裏に残るであろうか。彼は友人の脳裏に深く刻みこまれることはないであろう。夜更《ふ》けて、水割りのグラスをかたむけながら、友人は彼のことを「あいつはいい奴だったよ」としみじみいうだろうか。

八方美人で誰にもいい顔をして、形式的には関わっても、「あいつは、本当にいい奴だよ」としみじみといってくれる友人をもっていないとすれば、彼の生き方はどこか間違っている。

みんなは、義務感が強く、ずぼらにはなれない彼を、〝立派な人〟というかもしれないが、「どこか冷たい人だなあ」と心の底で感じていることはないであろうか。周囲の人は、立派な人だというわりには、彼を心から尊敬していないのではないか。

仕事に対する責任感は強い、残業しても仕事はかたづけようとする。時には家にまでもって帰ろうとする。しかし部下にしてみたら、何か〝かなわない〟という感じがある。それは優柔不断のくせに責任感だけ強いからではなかろうか。

彼には仕事でも家庭でも〝いい加減〟なところはない。しかし、誰も「あいつに会いたいなあ」と思わないのではなかろうか。

仕事量が多くても手を抜くことができない、疲労がたまっても仕事から離れられない、そんな彼を周囲は信用するかもしれない。しかし、人間的に心から信頼されたことがあるだろうか。

心から信頼されないのは、仕事熱心も実は周囲から信用されるためであって、仕事そのものを楽しんではいないからであろう。仕事は好きでやっているのではなく、義務でキチキチにやっている。だから趣味どころではない。

そんな彼に、とことんついてくる同僚や部下がいるだろうか。案外、家庭では奥さんも情緒の交流ができずに淋しがっているのかもしれない。

立派な彼と親友になろうとした人もいたかもしれない。しかしその人たちは、どうしても形式的なつきあい以上のことができない空《むな》しさを感じて、立派な彼から離れていってしまったのであろう。

彼は、立派だけれども魅力がないのである。立派なことを主張するわりには行動力に欠けている。立派なことをいうが、それを行動に移す前に、グズグズと、実行できない理由や、悲観的な予想をいう。

立派なのである。でもペシミズムなのだ。立派なだけではどうにもならないではないか、やらなければ。

やったらできるかもしれない。しかし、彼は〝できない〟という結果を出して、行動しない。その結果の出し方が、あまりにも物事を一般化しすぎてとらえている。

その結論の出し方はこうだ――前にできなかったから。

公的なことから私的なことまで、すべてそうなのである。魅力的な女性を誘う時も、誘う前から〝誘っても来ない〟という結果を出している。

ゲームは終わっていない。なのに、ゲームは終わったようにいう。チャンスはまだある。なのに、もうチャンスはないように彼はいうのである。

未来はわからない。今まで不運だったからといって、どうしてこれからも不運であると断言できるのか。それなのに、彼は未来を常に不運な過去の延長として考える。

そんな考え方はもうやめることである。希望が彼を捨てたのではなく、彼のほうが希望を捨てたのだ。

〝やましさ〟を隠すための正義感・義務感

彼は、確かに正直で、律儀で、几帳面で、正義感が強く、義務感も強い。

しかし、それは本当にそうなのだろうか。

普通の人以上に義務感、正義感が強いのは、一種の〝やましさ〟があるからではないか。〝やましさ〟の抑圧の結果として、義務感、責任感、正義感が強いのではないか。

自分に正直になってみると、実は普通の人以上に、義務感が強いわけではない。

本当のところ、彼は無意識下では普通の人以上に、利己主義、無責任、自己中心性があるのではないだろうか。彼は普通の人以上に利害に敏感である、普通の人以上に卑怯である。要するに、普通の人以上に〝ずるい〟のである。

しかし、彼の規範意識は普通の人以上に強い。こうあるべきだという規範意識は肥大している。そして、自分は利己主義であるという感じ方を、意志の力で無意識へと追いやってしまっている。

彼はすべてにわたって模範的である。しかし実のところ、本当のものは何ひとつないのではないか。すべては抑圧の結果として、そう見えるだけなのである。

彼の正義感、義務感は、自分は利己主義者であるという感じ方を抑圧し、やましさを裏側にはりつけている正義感、義務感でしかないのではないか。

模範的である彼が、家庭や学校や職場で、他人と紛争を起こしやすいのは、表面的には、正義感、義務感が強すぎるからのように見える。しかし実際は、本当の正義感、義務感が欠如しているからにすぎないのである。

たびたび例に出すが、「テレフォン人生相談」にも、次のような電話がよくかかってくる。

「うちの子は、正義感が強くて、担任の先生と折りあいが悪いのですが、どうしたらいいでしょう」

いろいろ聞くうちに、やがて母親は、担任の先生を非難しはじめる。

「うちの子は、どうしても曲がったことが嫌いですから、担任の先生ととことんやってしまうんです」

この正義の士が行くところ、どこでも人間関係のトラブルが起きる。彼がトラブルメーカーになってしまうのは、普通の人がもっている程度の義務感や責任感が、彼にないからなのである。その欠如を抑圧することから出てくる誇大な義務感に、周囲の人はついていけないのである。

自分の内部にもりあがる正義への意欲があれば、そんなに周囲といざこざを起こさないのではないか。むしろ、正義への意欲の欠如を自分自身隠そうとするところから生じる正義感だから、ついつい他人への批判と結びついてしまう。

内発的に社会への愛情があって、そこから生じてくる社会的正義感であれば、それほど周囲といざこざは出てこないはずである。むしろ、世の中の低俗さや不正を論難すること、そのことが目的の社会的正義感だから、周囲はたまらないのである。

社会への愛情、周囲へのいたわりなどもっていない自分を抑圧して出てくる社会正義だから、その正義はどうしても誇大な言葉となって表現される。その誇大な言葉で表現される社会正義に人はついていけないのである。

自らの虚偽性を抑圧して出てくる大義名分をふりかざされたのでは周囲はたまらない。

自らの内面は虚偽に満ちている。彼は無意識下では、自分が私利私欲の人であることを知っている。がりがり亡者であることを知っている。だからこそ、世を慨嘆するのである。社会批判は口実にすぎない。

社会に対して内発的な愛情をもっている人間は、その正義感ゆえにいたるところで日常的にいざこざを起こすなどということはない。

✣無欲のふり、善意のふり

自分に失望している者が、他人をいじわるく批判するのである。自分に失望しながらも、その失望感を抑圧して、無意識に追いやってしまった人間は始末が悪い。大義名分をもって他人をいじめにかかる。

お金に執着している自分を抑圧している者の〝無欲のふり〟ほど、へどの出そうなものはない。

「俺は何もいらない、みんなおまえにやる」といいながら、関わりあった者には、その人がお金や物に異常に執着している姿が見えて、やりきれない時がある。

普通の人間には、普通の人間のいろいろな醜《みにく》さは耐えられるものなのである。普通の人間のもっている欲ばりぐらいは不快なものではない。

では、われわれにとって耐えがたい醜さとは何か。

それは、醜さの抑圧の結果としての寛大さなのである。自分の醜さを自分に隠した人の醜さは耐えがたい。

自分には私利私欲がある。そういう自分についての感じ方を抑圧し、無意識に追いやって、意識のうえで自分は無欲であると思っている人間はやりきれない。それなら際限もなくお金を儲《もう》けようとしている人間のほうが、よほどつきあいやすい。

周囲への悪意をもっているが、その悪意を抑圧して、自分では善意の人と思っている人間を友人にするくらいなら、友人はいないほうがよい。そういう善意の仮面をつけた人は、友人のあら探しに忙しい。真綿に針を包んだような人間はかなわない。そういう善意の人より、あきらかに悪意をもっている人のほうが対処しやすい。

抑圧の人は依存心が強いから、善意をふりかざして、友人にからんでいく。干渉する。しかも本人は自分にウソをついているから親切のつもりで。

うつ病になる人の病前性格はみな立派である。テレンバッハがいうように、また

『精神衛生講話』（岩波書店刊）をものしているいる下田光造がいっているように、うつ病の病前性格はみな立派なのである。

もう一度くり返せば、几帳面、勤勉、強い義務感、責任感、正義感、他人との摩擦を避けて他人に迷惑をかけまいとする、ごまかしができない、他者中心的性格……。だが、この中で、どれひとつとっても本当のものはないのではなかろうか。だからこそ、今までの生活の秩序が脅かされると発病してしまうのではなかろうか。

どれひとつとして内発性の意欲の高まりではないから、胃腸の調子が悪くなり、寝つけなくなり、疲労感がとれなくなり、便秘になり、物事に興味がもてなくなり、無気力になり、ついには朝起きてもカーテンを開ける気力もなくなってしまうのではないだろうか。

2章

なぜ甘えるか、なぜくやしいか

恩きせがましくなる愛

✣高すぎる目標をもつことはない

人間が本来もっている向上心と、前うつ病性格者がもっている自己への高すぎる要求水準とは、まったく異質のものである。

泳げるようになりたい、泳げるようになれば次はもっと上手に泳げるようになりたい、英語が話せるようになりたい、アメリカに行きたい、バイオリンをもっと上手に弾きたい……そうすればどんなに楽しいだろう。

これらはみんな、実現すればどんなにか楽しいことであるし、新しいことへの挑戦なのである。そこには、そうならなかったらどうしようという恐れがない。したがって、それをやる時に不安がない。

負い目に苦しんでいる人間の高すぎる要求水準には、常に、うまくいかなかったらどうしようという恐れと不安が伴う。つまり、失敗した時に失望されることへの恐れと、その恐れを味わうのではないかという不安が常につきまとうのである。

意欲に燃える野球選手がいる。彼は二割打者である。三割になってやろうという目標を立てる。

さらに彼には、三割になれなかった時に、ため息をついて失望する周囲の人間がいない。だから、三割になれなかったらどうしようという不安がない。恐れがない以上、不安な緊張もない。

三割という高い目標は、彼の意欲をかきたてるものでしかないのである。

負い目に苦しんでいない人間には、目標は高ければ高いほどよい。しかし、負い目に苦しんでいる者には、目標は低ければ低いほどよい。

失敗したら他人がどう思うかという恐れと不安をもつ者には、目標は低いほどよい。しかし、失敗した自分を他人がどう思うかという恐れと不安をもたない者には、目標は高ければ高いほどよい。

成功したら成功した自分を他人がどう見るか気になる、そういう人は、やはり自己への要求水準をさげたほうがよい。

しかし、失敗したら失敗した自分を他人がどう見るか、成功したら成功した自分を他人がどう見るかというように、他人の眼ばかり意識する人は、なかなか自己への要求水準をさげることができない。

なぜなら、自己への高すぎる要求水準は、無意識における低すぎる自己評価が原因だからである。原因である低すぎる自己評価を高めないかぎり、負い目に苦しむ者は、自己への要求水準をさげることはできないのである。

高い自己評価をしている者は、高い目標をもつほうがよく、低い自己評価の者は、低い目標をもつほうがよい。

恩きせがましい親に育てられた者は、できるかぎり自己への要求水準をさげるほうがよく、愛情豊かな親に育てられた者は、できるかぎり自己への要求水準をあげたほうがよい。

恩きせがましい親に育てられ、いつも親の失望の表情や迷惑顔に苦しめられてきた人間が、どうしても知らねばならないことがある。

それは、愛情の浅い深いは、愛する対象が原因ではないということである。

この愛情の原則だけは、負い目に苦しむ者が何をおいても知らねばならないことである。

自分への否定的イメージを取り除く

小さい頃、何かに失敗し、失望されて自尊心が傷ついた、あるいは、迷惑顔で世話されて身の縮む思いをした、親の不機嫌に責められてどうしていいかわからなかった……このような数々の体験の積み重ねによって、その人はだんだんと、自分は他人に愛されるだけの価値のない人間である、他人は自分とは喜んでつきあってくれない、何をやってもうまくいかない、自分はダメな人間なのだと心の底で感じるようになる。かくて、自分についての否定的なイメージをつくりあげてしまう。

かといって、自分はダメな人間なんだと居直ることも許されない。親が許さない以上、怖くて自分はダメな人間なんだなどとはいえない。

ダメな人間として扱われながら、ダメな人間だと自ら感じることを禁止される。そこで、ダメな人間という自分についての感じ方を意志の力で無意識へと追いやる。

無意識の領域で、誰も自分を喜んで愛してはくれない、自分は他人から喜んで愛される価値のない人間だと感じている。

その無意識における低い自己評価が、高い要求水準となってあらわれる。彼は心の底にある低い自己評価を、他人から高く評価してもらうことで、何とか回復しようとあがいているのである。


しかし、心の底にこびりついている低い自己評価というのは、はたして正しいのであろうか？　決して正しくはない。

確かに、その人は幼い頃から喜んで愛されることはなかった。しかしそれは、その人に愛される価値がなかったからではない。周囲の人に愛する能力が欠如していたからである。

愛情についての決して忘れてはならない原則、それは、相手に愛情をもつのは、もつ人間の愛の能力によるということである。

心の底にこびりついている低い自己評価は、周囲の人にその人を愛する能力が欠如したことから生まれてきたものである。負い目に苦しむ者は、そのことをはっきりと自覚しなければならない。

人が自分の中に感じる愛情は、その人自身の愛の能力である。それを理解できない人は、たとえば犬好きの人の犬の飼い方を見てみればわかる。

どんなノラ犬でもいったん飼いはじめれば可愛がる。どんな名犬よりも可愛がる。もちろん名犬を飼ったとしても、よく世話をする。

犬を可愛がるのは、決してその犬が世話をするに値するからではない。ただその犬を可愛いと感じる能力があるから可愛がるのである。

家の中で飼って、トイレの世話もきちんとやる。雨の日もカサをさして散歩につれだしてやる。家に帰ってくると、足をふいて入れてやる。客観的に見るならば、決して名犬ではない雑種の犬を可愛がる。

私が知っているあるビジネスマンは、どんなに夜中遅く帰っても、それから犬を散歩につれていく。午前三時に帰っても四時に帰っても散歩につれていく。

彼は大企業の部長で、ビジネス戦争のまっただ中にあり、午前四時に帰れば、明日の激務のために、一分でもはやく眠りたいところを、犬をつれて散歩に行く。しかも、それが苦労ではない。心の安らぎである。だから犬も安心している。

ところが、犬を愛する能力が欠如している人間は、雑種を嫌う。血統書付の名犬を散歩につれていこうとする。しかしトイレの世話はしない。犬の気持ちがわからない。犬の体の調子がおかしくなってもわからない。

犬が可愛がられるかどうか、喜んで世話されるかどうかは、犬に原因があるのではなく、犬を飼う人の、犬を愛する能力にあることは明白である。

「愛は、ある対象を肯定しようとする情熱的な欲求である」とは、ドイツの社会学者エーリッヒ・フロムの『自由からの逃走』（日高六郎訳　東京創元社刊）の中に出てくる言葉である。

親の愛情とは、子どもによって生まれてくるものではない。もともと親の中にある愛する能力が、子どもに触れて、現実化してくるものである。

しかし、自己評価の低い人、負い目に苦しんでいる人、それらの人は、親が喜んで自分を愛してくれなかったのは、自分が愛するに値しないからだと間違って感じてしまうのである。

仕事の負い目と対人的な負い目に苦しみ、自分はよけいな者だと感じている者は、愛の原則を知り、幼い日、自分が失望されたのは、自分に価値がなかったからではなく、失望した人自身が自分に失望していたからにすぎないと、はっきり自覚することである。

失望された時、深く静かに大きく「はーっ」とわざとらしいため息をつかれた時、本当は、失望の表情をした人間に向かって攻撃すればよかった。しかし、相手のほうが圧倒的に強い以上、相手に攻撃をしかけることはできない。

そこで、彼は自分に攻撃を向けて、自分を責めはじめた。そもそも、それが憂うつのはじまりだったのである。

つまり、〈失望される→自分を攻撃する→悲観的になる〉というわけである。

アメリカの精神科医、アーロン・ベックの〝*Depression*〟（うつ病）を読むと、うつ病患者はうつ病でない人間に比べて、マゾヒスティックな内容の夢を見るという報告が書いてある。

事実、うつ病になる前に、くり返しマゾヒスティックな夢を見たといううつ病患者の回想もある。

ロシアの社会学者、ナーサン・ライテスの著書〝*Depression and Masochism*〟（うつ病とマゾヒズム）を読むと、そこにはやはり、「うつ病患者は、誰も自分を愛してくれないのは、自分が無価値であるからだと信じている」と書かれてある。

何かささいな失敗でも、すぐに自分はダメだと思い、憂うつになる。どうしてそんなささいな失敗で、自分はダメだなどといえるのだろうか。

今からでも遅くはないのだ。負い目に苦しむ人は、肩をガックリと落とし、わざと聞こえるようにおおげさにため息をついて、自分に失望してみせた人間に、攻撃を向けることである。

その人に対して抑圧していた敵意を自覚することである。自分に向けていた攻撃を、自分に失望した人に向けることである。それが、将来への絶望から立ちなおる道である。

負い目を負わせる側の心理

さて、ここまでは負い目を負わされる人間の心理について考えてきたが、これから負い目を負わせる側の人間の心理について考えてみよう。

生きることに負い目を負わされた人間の側から見れば、この人間はいくら非難しても非難しすぎることはない。

しかし、彼がそうすることにも、もちろんそれなりの理由がある。彼にとっては自分が生きるために、やはりそうする必要があったのである。

負い目を負った人間は、最も身近な人間に負い目を負わすことで、自分の負い目の苦しさから逃れようとする。

つまり相手に負い目を負わせた人間もまた、負い目を負っていたのである。

負い目を負った人間は、まず当然のことであるが、他人からあらゆる点において借りをつくることを避ける。恩きせがましく育てられた人間は、とにかく恩にきることを嫌がる。他人に借りをつくることが苦しい。

当然のことながら、他人にものを頼むのが嫌である。他人にものを頼むことは、負い目をさらに大きくすることだからである。

したがって、他人に何かしてあげることはあっても、他人に何かしてもらうことは避けようとする。どうしても自己を主張できない。ほんの小さなことでも他人に頼めない。負い目に苦しんでいる以上、他人の助力は、土下座してもつぐなえない気持ちになる。

とにかく、いつも気がひけているのである。

コーヒーを飲もうということになって、どの店に入るかということさえ、他人にゆずらざるを得ない。いわんや何を食べるか、和食か洋食かなどということになれば、すべて他人優先。他人にゆずっているほうが心理的に楽なのである。

自分の好みを主張すると、負い目が増してしまう。絶えず気がひけて、絶えず他人にゆずりながら、絶えず何か不満である。それでも自分の好みを主張して借りをつくることよりはいい。

先にあげたテレンバッハの『メランコリー』に次のような文章がある。

「他人との関係は、尽くす（*Leisten*）ということを媒介としていとなまれる。メランコリー親和型の人は、けっして無条件にものを受けとることができない。他人から何かをもらうと、すくなくともそれと同等の、たいていは何倍ものお返しをする。他人からの借りを作ることができず、他人からの恩義を背負いたくないからである。

具体的な尽力を伴わないで、ただ純粋に他人のためにある、というようなありかたは、彼には考えられない。

自分がただそこにいるだけで他の人を幸福な気持ちにしたり、喜ばれたりすることができようなどという考えは、そのような人にはとうてい受け入れられない。……ある一人暮しの女性メランコリーが『私は自分がするべきことをするということによってしか、他の人への要求を出せません』といっているのは特徴的である。

マトセックらが、次のように書いているのは正しい。

『愛は、うつ病者によっては、独自の個性をもった独立の人格を肯定することとしてではなく、相手の愛を要求しうるために必要な行為の遂行として生まれる』――

彼らはさらに、うつ病の男性においては性的ないとなみですら『妻に対する真の愛情関係の表現などというものではなくて、それによって妻を満足させなければならないという愛の仕事』であると述べている」

余暇の増大がうつ病をつくる

うつ病の人の特徴は、負い目を負っていることである。テレンバッハも、メランコリー親和型の人間の特性としての負い目について触れている。

この人たちは、自分の中に自分の支えを求めることができない。自分のためというあり方が不可能なのである。

日本のビジネスマンにうつ病の人が多いのもわかるような気がする。なぜなら、ビジネスマンをはじめ、現代人の生活構造の特徴のひとつに、労働時間の短縮と余暇時間の増大がある。ところが、この余暇時間とはまさに、自分自身のためというあり方が要求される時間なのである。

明日の英気を養うというのなら、この余暇も、よりよい仕事のためということができるが、今や余暇は明日の英気を養うばかりではなく、余暇のための余暇になってきた。余暇はそれぞれ自分のためのことをする時間で、他人に尽くすための時間ではない。

再びテレンバッハの文章を見てみよう。

「夫を失い、息子はアメリカに移住してしまった女性患者マリーア・Wは、それ以来『生活に内容がなくなってしまいました。誰も私を必要としないし、誰も私に相談してくれる人がいません』という。……夫が死亡し、娘たちが嫁いだあとの晩年は、自分一人では埋めることができない。人生の使命は達成してしまった。

人生の内容がなくなる。自分自身が自分の内容となることはできない。ある女性患者は、夫の死や娘たちが『逃げ出した』ことを考えるたびに泣けてくるという。彼女は、『肩の荷をおろして』しまって、生き甲斐がなくなり、現在が空虚になってしまったのである」

余暇時間を支配する価値は充足価値である。テニスをやるそのこと自体にその人が充足するかどうか、絵を描くことそのこと自体にその人が充足するかどうかである。絵を描いて、それを売って生計を立てている画家でない以上、絵を描くことそのことが楽しくなければならない。

それにひきかえ、今の日本の職場を支配する価値は、献身価値である。業績を通して集団に奉仕することである。何よりも〝会社のため〟にならなければならない。そして、この献身価値の正反対にあるのが充足価値である。

余暇時間の増大がうつ病の増大に関係しているというのが、私の仮説である。

メランコリー親和型の人の対人関係は、とにかく〝他人のために尽くす〟ということである。〝関係〟とは他人のためにあるという関係である。

テレンバッハは「……人格的伴侶としての夫との関係や、母としての子供との関係を、『うつ病の女性は、もっぱら果《はた》すべきつとめとして、普遍的規範の実現として遂行』する」といっている。

これらの人には、まるごとの人間関係というか、生の人間関係というか、血の通った人間関係というか、そういったものがないのである。

✣弱い人ほど「他人のため」に生きようとする

負い目に苦しむ人の対人反応の第一は、このように、気がひける、あるいは、尽すということである。

しかし、第二の反応はこれと正反対である。先に述べた如く、身近な人間に負い目を負わすことで、自分の負い目から逃れようとする。

おまえのようなひどい女とつきあってやっているなどと恋人を非難し責めることで、負い目から逃れようとする。

その人がいかにひどい女であるかを強調し、その女性が自分はひどい女だと思いこんでくれれば、恋人との関係において負い目から逃れることができる。恋人の条件が悪ければ悪いほど、安心感を得られる。

ある抑うつ的男性が恋人について次のように語った。

「恋人の父親が死んだということを聞いた時ほど、なぜかほっとしたことはない」

父親もいないおまえとつきあってやると男性が思い、そんな私とつきあってくれると女性が思えば、この負い目に苦しむ男性は救われる。負い目に苦しむ人間にとって、〝私のような人間が〟というような、相手の自己を卑下した発想ほど救いになるものはない。

また、ある抑うつ的女性が自分の恋人の評判について次のように語った。

「あの人がいないところでみんながあの人の悪口をいっている時、ああ、あの人が聞いていてくれたら、と思いました」

つまり、こんなに評判の悪いあなたと、私はつきあってあげると思えることで、彼への負い目から解放されるからである。

生きることに喜びを味わっている人であるならば、恋人の親の死の知らせに接して、ああ可哀そうだ、なぐさめてあげたいと思うであろう。しかし、負い目に苦しむ人は逆で、ああよかったとなる。

愛情豊かに育った人であるならば、自分の恋人が陰口をたたかれているのを聞けば弁護したくなるであろうが、負い目に苦しむ人は逆である。

相手を傷つけることで、自分の負い目の苦しみから逃れようとする者は恐ろしい。弱い立場にある相手をとことん傷つけるからである。

親子関係でも同じである。子どもが失敗して自分が助けてやらなければならないことを喜ぶ。親の子に対する恩きせがましさは、今まで述べてきたとおりである。

何かの本に、親は自分の荷物が重くてもてなくなると、それを子どもに渡してしまう、というようなことが書いてあった。

このことは負い目を負った親によくあてはまる。自分に対して子どもが負い目を感じることで救われるのである。

したがって、子どもが自分に負い目を感じるようにしむけていく。そのためには、傷つけつつ世話をすることである。相手が自分から離れられないようにしたうえで、傷つけていく。

負い目を負った者の対人反応の第一は、絶えず気がひけていたり、とにかく他人のために尽くしたいということであり、第二の反応は、相手を傷つけて、相手を自己卑下させて、自分の負い目から逃れようとすることである。

これは正反対のようであるが、ともに自分の存在理由を自分の中で見つけることができず、他者へ逃避しているという点では同じである。第一と第二は表面的には正反対であるが本質は同じなのである。

たとえば、第一の〝他人のために尽くす〟という対人関係のあり方を考えてみよう。生きることに負い目を負った父親が、いつも家族のためだけに生きているとする。この父親は愛情があるわけではない。とすれば、恩きせがましくなってくる。対人反応の第一の様式と第二の様式は紙一重である。

いつも家族のためだけに生きていながら、家族の気持ちを大切にするわけではない。家族が、それぞれ何を望んでいるかを理解できるわけではない。ただ事物のために生きるのと同じように、家族のために生きているのである。

このような人は〝他人のために尽くし〟ながら、関係者にとっては押しつけがましく感じられて、何とはなしにうるさがられている。

やることは立派なのだけれど、どうも周囲の人に親しまれないという人が、このタイプの人である。

何かを信じ、すがりつきたい心

なぜ虚勢を張るのか

ナルシシストは、現実をあるがままに受けとることができない。自分のナルシシズムに適合するように世界を変形して受けとる。

ヒトラーやナポレオンは、自分たちの信者を発見し、批判者を弾圧した。そして、自分を神だと信者に思いこませようとしたし、信者もまた神だと狂信したがった。こうなると、まさに石が流れて、木の葉が沈むことになる。

しかし、彼らのような例外を除いて、普通の人は、自分は神であると他人の同意を求めることはできないし、力でもって同意を強制することもできない。

ところで、もしヒトラーやナポレオンやシーザーが神になれなかったらどうなるか？　つまり、彼らが現実の世の中で、世俗的な意味で挫折したらどうなるか、ということである。

まず第一は、眼が覚めてまともな人間に向かって歩きはじめる。

第二は、自殺するか、他人を殺すかする。

第三は、自分が神になれないかわりに誰かを神にする。

人々が「神様、神様……」とある神を狂信するのは、この第三のケースである。間違った方向に歩みつづけた人間が、現実に挫折してはじめるのが狂信である。

自分が神になることに失敗した人間が、狂信できる神を必要とする。間違った方向とは、つまり他人との間に橋をかけていこうとするのではなくて、自分の周囲に城壁を築いて他人から自分を守ろうとする方向である。

ある冷たい性格の人がいる。その人は、虚栄心が強くて、いつも自分を実際以上に見せようとしている。

他人は別にその人を馬鹿にしようと、絶えず様子をうかがっているなどということはないのに、その人は他人に対して絶えず「馬鹿になどされないぞ！」と肩をいからせている。

その人はあらゆる人に向かって虚勢を張る。虚勢そのものが性格と思われるほどにまで虚勢を張りつづける。時には逆に、気がひけて、自己卑下して他人に迎合していく。虚勢を張るのも、自己卑下して他人に迎合していくのも、心理的には同じことである。

いずれにしろ、はたから見ていると、あれでは疲れるだろうなと思うほど虚勢を張る。そして、ウソが多い。

その人のものすごい話はどこまで信じていいのか、どこまでウソなのかわからない。「私の友人は日本を動かしている大物ばっかりだ」などといった種類のことを、絶えずいいふらしている。

もともと、友人という言葉の意味を、この人は理解できていないのである。つまり、人間の愛情とか信頼とかいうことを理解できていない。

たとえば、年をとってからの友人といえば、お茶を飲みながらどうということもない世間話をしたり、お互い、日常的な小さなことでも困った時に助けあったりするということがイメージされる。そしてそれは、一年に二回ぐらい何かの会合で会ったり、一年に一回のゴルフのコンペで会うということではない。

お互いに小さな居間などで、今の若者の悪口でもいいながらお茶菓子をつまむ、あるいは近所の川などに、安い釣竿《つりざお》をもって一緒に魚を釣りにいく、そして川べりで、例によって例の如く若い頃の自慢話をいつまでもしている……そんな間柄が年をとっての友人なのであろう。

それを、おずおずと会ったり、虚勢とウソでかためて年に一回、「やあ」などとホテルやゴルフ場で会うのは友人とは違う。


ある時、ウソが多く虚勢を張っている人が、遺産で、生活には不必要な家を建てた。それは巨大な家である。巨大な家によって、その人は他人から自分を守ろうとしたのである。

他人は、決してその人の欠点を見つけて攻撃しようなどとしているのではない。ところが、劣等感から虚勢を張っているその人は、敵の中で生きているように錯覚しているから、何かで自分を守ろうとする。その手段が、生活にはまったく不必要なほど豪勢な家なのである。

この人は小型シーザーである。友人というのは日本の指導者でなければならず、他人と接するには豪勢な家でなければならない。

世間の人は別にその人に向かって弓を引いているわけではない。その人は失敗を恐れて、自分が試される機会をことごとく避ける。したがって、ウソと言い訳でかためられた人生になってしまう。そこで、弓矢に向ける盾として豪勢な家が必要になる。

この人は、このおかしな盾をもつことによって、いよいよ弓矢を恐れることになる。決して飛んでこない弓矢を恐れて、より強固な盾をつくろうとする。

また、他人を見ればすぐに利用しようとする。自分の劣等感を刺激する者には仮借《かしやく》なき非難をあびせて、執拗《しつよう》に憎む。

勝気で自己中心的。勝気ということは、事実をそのまま認めることができないということである。その人はまた自分の欠点を認めることができない。自分の幼稚さを認めることができず、自分は大物であると曲げて解釈する。

その人は、心の冷たい人である。心の冷たい人が温かい人間になるためには、まず自分の心の冷たさを自分で認めることである。自分の心の冷たさを自分で受け入れることによって、温かい人間になっていくことができる。

しかし、勝気で自己中心的な人にはこれができない。そして逆に、自分が愛情深い人間であるかの如く自分にも他人にも振舞う。本当の愛情がないだけに、必要以上に自分にも他人にも愛情が強いような〝ふり〟をする。

常に自分の心の冷たさを無意識に補おうとしているので、態度がオーバーになる。普通よりはるかに打算的だからこそ、無理に鷹揚《おうよう》に振舞う。オーバーで不自然な愛情表現の裏には、ゾッとするような心の冷たさがある。

愛情豊かな人間になる

「君にまかせるよ」というような信頼の態度を示しながら、心の中は猜疑《さいぎ》に満ちている。

このような人の心の奥底にあるのは猜疑、不信、憤怒である。だから、他人に接する時、どうしても盾が必要になってくる。

そして、よりよい盾をもつたびに、心の底にある猜疑、不信、憤怒を強めていく。他人がいよいよ信じられなくなる。いよいよ不安になる。その不安と猜疑に打ち勝つのが、神になることであり、他人に自分を神であると同意させることである。

神になることが、彼にとって最強最大の盾なのである。

しかしほんのわずかの例外を除いて、先にも述べた如く、普通の人にはこの最強最大の盾は手に入らない。

ここが大切なところであるが、自分が神になることに失敗した者は、他の者を神にする。その神に自分を同一化して自分を守ろうとする。それが狂信である。

狂信は、現実の事態を誤って解釈する。狂信は、猜疑と不安に動機づけられたひとりよがりの情熱である。

より大きな城壁を築くことには失敗したけれども、世界から自分を守る姿勢そのものには変化がない。挫折を契機に依存心が自律心に成長したわけではない。猜疑が信頼に成長したわけでもない。憤怒が安らぎに成長したわけでもない。挫折して彼の心の中は今までどおりなのである。サディズムがマゾヒズムに変化しても、心の中の不安や無力感が変わったわけではない。

何かを狂信している者は、今までに述べてきた人たち同様、心の中は不安なのである。

「おまえなどに馬鹿になんかされないぞ」と虚勢を張っている人と同じように、狂信者は不安なのである。

虚勢によって他人を自分の前にひれ伏せさせようとして失敗した者は、他の者の前にひれ伏す。


しかし、ただひとつ忘れてならないことは、ひれ伏している者は、自分がひれ伏している対象を心の底では信じていないということである。だから狂信なのである。狂信とは信じられないということなのである。狂信している者は、ある人の前にひれ伏しながらも、心のいちばん底ではその人を信じられないでいる。この悲劇を見つめそこなえば、狂信はいつまでもなおらない。

信じられないからこそ、ひれ伏すのである。ひれ伏すという行為を通じて、自分の中にある猜疑、不信、不安を抑圧しようとしているのである。

誇張は欠乏を抑圧しようとするあらわれであることを見抜いたフロイトは、正しい。ひれ伏すばかりでなく、すべての狂信的行為は、自分の信頼する能力の欠乏を抑圧しようとするところから出ているのである。

狂信者は、その矛盾の緊張に耐えられなくなれば、自殺するか、自分の虚栄心を傷つけた人を殺すか、自閉的になるかしかないであろう。
どうしていいかわからないから狂信するのである。

やるべきことは、実は、いとも簡単なのである。「後ろ向け、後ろ！」をして、歩きだせばいいのである。どうしていいかわからないのは、今までの生活態度を変えないからである。

つまり、失敗すまいとして緊張し、自分を試される機会を回避していたのをやめ、失敗すればいいのである。軽蔑されまいとして自分を隠していたのを、自分をあらわにして軽蔑されればいいのである。

そうしたら、失敗しても、自分をあらわにしても、案外他人に馬鹿になどされないということがわかるに違いない。

「後ろ向け、後ろ！」ということは、また次のようなことでもある。つまり、今まで自分の中の愛情能力の欠乏を隠して、欺瞞《ぎまん》に満ちた笑みを他人にふりまいていたことをやめるということである。

欺瞞に満ちた笑みを浮かべれば浮かべるほど、自分の中の猜疑心は強くなるばかりである。

自分にウソをつかない、それさえできれば一挙に事態は明るくなる。どうしていいかわからないというのは、自分にウソをつきながら事態を解決しようとするからである。だから八方ふさがりになるのである。

自分には愛情の感情が欠乏している、だけど愛情豊かな人間になりたい。そういう事実認識と欲求のもとに他人に対してほほえめば、愛情豊かな人間になれるだろう。

それを、他者に対する憎しみを心に宿しながら、自分にも他人にもウソをついて、愛情深い人間であるかの如く振舞うから、猜疑心は増し、不安は増大し、もうどうしていいかわからないということになり、ついに何かを狂信することで解決をはかろうとするようになるのである。

自分にウソをつきつづけた者が、八方ふさがりの事態を解決するために行なうのが狂信である。狂信とは猜疑の抑圧である。自分にウソをつく、それが抑圧である。

さて、それでは今、自分が何かを狂信しているかどうかを見わけるにはどうしたらいいか。

その目安の第一は、絶えず心の底で脅威を感じていること。それが「馬鹿になんかされないぞ」という不安な緊張の態度になってくる。批判を恐れているのである。

第二は、世間嫌いであること。

狂信している人は何かを隠しているわけであるから、自分の実際の姿が他人にあきらかになるのを恐れている。巧妙に自分を守っている。したがって、世間と気楽につきあえなくなる。

このように、他人の意見に脅威を感じ、世間嫌いである人は、今自分が信じていることが狂信ではないかどうか、一度反省してみる必要がある。

つまり、今自分が信じていることは、実は、意識のうえで、意志で信じているだけであって、心のいちばん底では疑っていることなのかもしれないと自問してみるのだ。誰かを信じている、何かを信じているつもりになっているが、実は、本当の自分はそれらを疑っている。猜疑が本当で、信じている〝ふり〟を自分に課しているにすぎないかもしれないのだ。

ひとりよがり人間の甘え

甘えた大人をひと皮むけば

さて、これまでは、どちらかというと自分に関する事実の抑圧について考えてきた。実際は自分を利己主義であると感じている、実際は自分をタフな人間ではないと感じている、しかしそれらの感情は、自分にとって不快であり、望ましいものではない、だから、それらを抑圧する。つまり、それらの感情に眼を背け、意志の力で、それらの感情を無意識へ追いやるのである。

これから述べる〝甘え〟は、むしろ自分についての事実よりも、人間存在一般についての事実の抑圧である。

人間存在がそれぞれ一体のものではなく、分離しているのだという事実を認められなくて、かぎりなく合一を求めてくるのが、甘えた人間である。

それでは、ここで甘えについて考えてみよう。
〝甘え〟という問題は常に、日本独特のものとして論じられてきた。日本人論といえば必ず出てくるのが、〝甘え〟とか〝タテ社会〟である。

しかし、この甘えという問題が、日本人にのみ適用されるべき心理状態であるということに、私はひどく懐疑的である。

たとえばオーストリアの精神病理学者、ベラン・ウルフが書いた『どうしたら幸福になれるか』(周郷博訳　岩波新書)という本がある。その下巻に「失敗の類型」という章があり、サブタイトルが「ノイローゼについて」となっている。そこには神経症者の特徴が書かれている。

要約してみると、第一に、あらゆる神経症者は、人が自分の人柄を礼賛することに大変興味をもっている。
「利己的なノイローゼ患者は、奉仕と協力ということが称讃をうける世の中には何の面白みもないと考える」

この〝ノイローゼ患者〟というところに〝甘えた高齢者〟とか〝六十歳になっても甘えている人〟とか入れてみれば、ピッタリくることがわかるであろう。

さらに、第二の特徴として「ノイローゼ患者は、自分の自我の独自性をずっとそのまま守ろうとしている」とある。この一文を、「甘えたまま年をとった人は、自分の自我の独自性をずっとそのまま守ろうとしている」と書きかえたらどうであろう。

たとえば土居健郎の『「甘え」の構造』の中に、この文章が出てきたら、みんなそのとおり読みすすんでいくに違いない。

ウルフはさらに続ける。このことがわかれば、神経症者が「現実とそのいっさいのあらわれから、身を引かねばならぬということ、普遍的な価値や、わかりやすい論理や普通の行動――つまり正常な行動という常識の代りに、ひとりよがりの論、特殊な特権や奇異な行動を代用するのはなぜか、すぐわかるであろう」。

甘えた人間は、自分の本当の価値が試される機会を避ける。そして、正攻法で自分の価値を証明するかわりに、変わったことをすることで、その場を逃げようとする。

自分の価値が試されるのを避けながら、人が自分の価値を認めてくれることを求める。そこで現実から身を引き、正常な行動という常識のかわりに、ひとりよがりの論をもちだす。小さい頃、母親の与えてくれた特権にしがみついたように、大きくなっても何らかの特権を求める。

くり返しになるが、前出のウルフの文章には、たまたま〝ノイローゼ患者〟と書いてあるが、これが〝甘えた大人〟と書きかえられて日本の書物に出てきても、われわれは、そうだなあと思って読んでいくに違いない。

神経症者の第三の特徴として、ウルフは「自分という人間は、誰も理解してくれない神さまなのだ」とおおかたの患者は信じていると述べている。これも、〝ノイローゼ患者〟のかわりに〝甘えた大人〟と書きかえられる。

第四の特徴として、「ノイローゼの四番目の主要な目安は、ひとりよがりの実力観と安定観をつくりあげること」と述べている。実際、なんと多くの甘えた大人が、「誰も俺のことをわかっていない」と主張し〝ひとりよがりの実力観〟をもっていることだろうか。

自分の〝ひとりよがりの実力観〟から、甘えたビジネスマンが「俺の会社は俺の本当の実力を認めない」と嘆いている。そんな甘えたビジネスマンに、「あなたの会社は本当の実力を必要としているから、あなたを部長にしないのだ」などといえば、怒髪天を衝《つ》くことになろう。

まさに、このひとりよがりの実力観こそ、〝うぬぼれ〟ではなかろうか。

次に、第五の特徴として彼は、「もっとも重要なノイローゼ患者の特徴は、意図的だということだ」と述べている。この甘えた大人がいかにずるく計算高いかは、日々われわれが承知していることである。

小さい子どもは人が聞こえるところで泣く。聞こえないと思えば、聞こえるところまで行ってから大きな声で泣きだす。泣くということが、周囲に効果のあることを計算する。これは甘えの特徴である。

ウルフの述べる〝ノイローゼ患者〟の特徴は十番目まである。いちいち書かないが、要するに、甘えた大人のことなのである。

ところで、「うちの会社の○○部長は甘えてるんだなあ」とか「○○課長はまだ若い頃の甘えが抜けきっていない」とかいう会話が交わされても、われわれは別に驚かない。それを「うちの会社の○○部長は神経症なんだ」といえば「えっ?」ということになろう。

しかし、実質的な内容はたいして変わりないのではなかろうか。

✣ 他人の心の痛みがわからない人

われわれは、無責任な態度を身につけた神経症者を温かいとイメージすることはない。それなのに、〝甘え〟というものには温かいイメージがある。

しかし、子どもが甘えるからいいのであって、大人が甘えるのはうぬぼれているのである。子どもはオシメをつけていてもいいが、二十歳をすぎてもそれでは格好が悪い。

もともと甘えの性格的特徴というのは、口唇期の幼児の性格と同じなのである。周囲の評価によって自己の評価が揺れ動く。周囲の言動の中に自分の満足を見つけだす。

今、オシメのとれていない二十歳と書いたが、二十歳どころか、五十歳になっても七十歳になっても甘えている人間がいる。

五十歳になって、三歳や四歳の子どもと同じように指をしゃぶっている人間を想像してみたらいい。これこそが甘えた大人の姿である。

甘えた人間は、他人を傷つけても、自分が傷つけたということに気がつかない。指をしゃぶっている四歳の子どもがわからないのと同じである。他人の心の痛みがわかったら、もはやその人は甘えているとはいえない。

幼児は、無力であるがゆえに自分の言動で大人を傷つけることはない。子どもが他人を傷つける言動をしても、大人は「子どもは正直でいいですね」といってすませる。大人は幼児に対して、それだけ精神的にゆとりがあるからである。

何度もいうように、甘えは無力と結びついてこそ許されるのである。

幼児が他人の気持ちを理解できないのと同じように、甘えた大人は他人の気持ちを理解できない。

幼児は、母親を中心とした周囲の自分に対する反応を気にする。無力である以上当然である。幼児は自分だけが大切である。無力で生きのびていかねばならない以上、この二つのことは当然であろう。

ところが、この二つは、甘えた大人の特徴でもあるのだ。

アメリカの著名な心理学者、デヴィッド・シーベリーは、身近な者に対してより他人に礼儀正しい人は、自分だけが可愛く、また他人が自分をどう見ているかを気にする人であると述べているが、これが甘えた人なのである。内面が悪く外面がいいという人である。

自分だけが可愛いというのも、無力と結びついてこそ自然なのである。三歳の幼児は一歳の幼児を泣かしても平気である。これが許されるのは三歳の子どもが無力だからである。三歳の幼児に二十歳の情緒を要求しても無理である。子どもは、自分の衝動にしか関心がないのである。他に関心をもつとすれば、母親が自分をどう扱うか、また、その一歳の子をどう扱うかについてだけである。

母親にほめられれば自分はよい子だと思い、母親にほめられた行動はやってもよい行動なんだと理解する。母親を鏡として自分を見るのである。

甘えた大人は、弱い者いじめを平気でできる。これらのことも、幼児のことを考えればわかるであろう。

三歳の子どものおもちゃを二歳の妹がとれば、三歳の子どもは、妹を泣かしてでも取り返す。また、妹は自分が欲しいと思えば、兄のおもちゃでも欲しがる。

三歳の兄と二歳の妹に、「他人の心の痛みをわからなければいけません」と説教する母親がいるであろうか、いないに違いない。ところが、甘えた大人にこのようにいう人はいる。しかしそれは、その人が甘えている以上、無益な努力であろう。

甘えた人間に、人間の心の痛みなど説明しても、とんと理解できない。

甘えは自己不在の証明

また、甘えた大人に自分の傷ついた気持ちをわかってもらおうとしても無理である。甘えた幼児に母親が、自分の傷ついた心をわからせようと努力しても無理であろう。それと同じである。ところがこの過ちを、われわれは何度もくり返しているのである。「あの人はあんなひどいことをいって、私を傷つけた」と怒る人はいる。確かに甘えた大人はひどいことをいう。他人の心を傷つけても平気でいる。しかし、ケロッとしている。それは、甘えた大人が三歳の幼児と同じだからなのである。

信じがたいが、実際に起きた例をひとつあげておこう。

ある甘えた五十歳の女性が隣の家のお手伝いさんに「今日かぎりこの家を出ていきなさい」といった。理由は隣の家の人が気に入らないというだけである。お手伝いさんが出ていけば、その家の人が困ると思ったのである。

また、隣の家の人が傷つくことを近所中に怒鳴りまくっても、翌日はケロッとしている。周囲は呆気《あつけ》にとられてしまう。

もちろんこの甘えた五十歳というのは、神経症者である。

隣の人がどれだけ傷ついたか、お手伝いさんがどれだけ傷ついたかなどということは、逆立ちしても気がつかない。だから、他人の気持ちを踏みにじり、傷つけても平気でいられるのである。


甘えた大人が平気で弱い者いじめができるのは、他人の気持ちがわからないからである。この世に存在するのは自分の気持ちだけである。自分の衝動だけを大切にする、というより、甘えた大人には、この世の中にそれだけしか存在しないのである。

だから、甘えた大人は他人を平気で傷つけるが、自分が傷ついた時には騒ぎまくるのである。甘えた人にとって、この世に存在するのは自分だけなのであるが、同時にその自分とは、他人を鏡として、そこに映る自分ということである。

つまり、この世に存在するのは自己のみでありながら、実は自己不在なのである。これが甘えであり、冷たさではなかろうか。甘えた人間と甘えていない人間が接触した時、傷つくのは必ず、甘えていないほうの人間である。

前に述べたように、甘えた者は、他人に自分の受け入れを際限なく求める。そして、自己が受け入れられないと感じた時は周囲に攻撃性を示す。甘えた者が、自分の甘えを許さない者を傷つけるのは、このためである。

結局、甘えた大人とつきあえるのは、甘えた大人だけである。神経症者は、他人が自分の人柄を礼賛することに大変興味をもつと述べた。神経症者にとっては、自分を礼賛してくれることにおいてのみ、他人は意味をもつのである。

甘えた大人同士が礼賛しあう光景を見かけた人は少なくないであろう。

甘えた親は、子どもを自分の礼賛者に育てるため努力する。そして、自分は立派な親だと信じている。自分には子どもへの愛情が欠如しているとは気づかない。子どもが自分を礼賛するかぎりにおいてのみ、子どもに関心があるのである。

他人に対しても同様である。また、他人を礼賛する側も、他人を礼賛することで、自分の価値を高めようとしている。甘えた大人同士の関係が、時に異常にうまくいくのは、このような関係だからである。

しかし実は、双方とも相手の人格にはまったく関心がない。双方とも自分にしか関心がないのである。お互いに、相手が自分によせる関心の深さによって、相手を〝立派な人〟と信じているにすぎない。

したがって、こうした関係がいったんまずくなると、激しく罵倒《ばとう》しあうようになり、憎しみあうようになる。

ところで、この甘えた人間は、常に何か〝くやしい〟気持ちを味わっている。

今述べたように、甘えた人間にとって、この世にあるのは自分の衝動だけである。しかし、現実の世の中は自分の衝動の期待どおりには動かない。そこでくやしくなる。ある人に自分を礼賛するのを期待したのに、礼賛しない。そこで面白くない。くやしい気持ちになる。その人が憎らしい、何かくやしい。甘えた大人というのは、自分の言動で相手を傷つけながらも、絶えずしゃくにさわっているのである。

この項のはじめに、〝甘え〟という問題は日本独特のものとして論じられてきたと述べたが、ここで誤解を避けるために、『「甘え」の構造』の著者が、そう主張しているのではないということを記しておく。

「甘えと社会科学」の中で、著者は「『甘え』理論は日本的な土壌から出発しているけれども、にも拘らず一つの普遍性を目指している点が実は問題なのだと思います」と述べている。

〝甘え〟が心をむしばんでいる

「とにかく、すべて受け入れてほしい」

甘えた人間の恐ろしさは、表面にあらわれる外面と違って、心の底は冷酷無比ということである。

『「甘え」の構造』に「身内にべたべたと甘える者に限って、他人に対して傍若無人、冷酷無比の態度に出ることが多いように観察される」と書いてあるが、そのとおりである。

同じことをシーベリーもいっている。彼は「血縁関係につけこまれるな」と注意をうながしている。

甘えている者は、身内に甘えるだけ甘える。身内の中では他人のお金も自分のお金もない。すべてが〝みんなのお金〟になる。もちろんこういう〝みんなのお金〟を主張する甘えた人は、自分の稼ぎがあまり多くない人である。

甘えた者は、〝個〟とか〝個人〟という考えを激怒して嫌う。それらの概念を決して認めようとはしない。個として自立する痛みに耐えられないから個に反対するのである。甘えている者は、身内の者にかぎりなく一体感を求めていく。そして、それを〝愛情〟と錯覚する。

甘えている者は、家の中に個人がロックできる部屋があることも認めない。個人の部屋はあっても、ノックもしないで自由に出入りする。これらは甘えた親によくある行動である。そして、他人の部屋にノックもしないで入れるのがすばらしく〝愛情豊かな家庭〟と信じて疑わない。

そのような家庭の人たちに、それは愛情とはまったく反対で、自己中心的幼児の依存心にすぎないと説明したところで、聞く耳をもたない。

やはり『「甘え」の構造』に「母子は生後は明らかに物理的にも心理的にも別の存在である。しかしそれにも拘らず甘えの心理は母子一体感を育成することに働く。この意味で甘えの心理は、人間存在につきものの分離の事実を否定し、分離の痛みを止揚しようとすることであると定義できるのである」とある。

つまり、甘えた人間は、分離の事実を認めることができず、それを意志の力で無意識へ追いやるということである。

甘えた人間は、心のいちばん底では、人間存在の分離の事実を知っている。しかし、それを認めたくない。そこで、その事実を否認し、その感じ方を抑圧して、身近なものに一体感を求めてくる。

甘えた者にとっての〝愛情ある家庭〟とは、人間存在の事実を認めることのできない幼児の集団でしかないのである。幼児の集団といっても、肉体的年齢はそれぞれ五十歳であり二十歳である。

このような集団は、内で甘えあいながら、外の人々に対しては冷酷無比の態度がとれる。

確かに、身内にベタベタと甘える人は、外部の人に冷酷無比な態度をとる。しかし、〝冷酷無比〟は〝甘え〟の特徴であることを忘れてはならない。

この人は、内と外で違った態度をとっているのではない。身内のある人にベタベタと甘えるということは、実はその身内の人に冷酷無比であるということでもあるのだ。ベタベタと甘えることで相手と一体化し、相手を自分の思うように支配しようとしているのである。

大人になってからもベタベタ甘えていることが、冷酷無比なことなのだという点を見抜けないでいるからこそ、人は時に被害者になって、精神的に異常をきたすのである。

ある家庭に親戚のおばさんが同居したとする。そこの主人は会社でストレスに悩まされているにもかかわらず、さらに会社が終わってからアルバイトをする。体力がひどく消耗しても働く。おばさんを含めた家族を養うために。

ところが、そのおばさんは、毎日のうのうと遊んでいる。自分からは働こうとしない。そんなおばさんに、主人は、誕生日のプレゼントまで買う。そして、ついに過労で体をこわして入院する。

シーベリーの本にはこのような例がたくさん出てくる。このおばさんは身内に甘えている。このようなケースは、今の日本ではだんだんと少なくなってきている。しかし、これがおばさんではなく両親となると、ケースはグッと増える。
そしてそんな親たちが、「うちの嫁は私を大切にしてくれない、息子は私にこんな着物をきせておいて」と愚痴をこぼす。

私は『「甘え」の構造』は名著であると思っている。何回か読み返した。ただひとつ残念なことは、甘えと利己主義の関係が徹底的にはあきらかにされなかったことである。

たとえば、今のケースでいえば、この両親やおばさんは利己主義者なのである。身内の人間が体を酷使し、過労で倒れて入院するまで平気でいられるのである。いや、それでも不満なのである。つまり、主人がストレスや過労で消耗しきっているという事実にすら気がつかないのである。

そして逆に、他人の利己主義を責める。そこの主人が、少しでも自分個人の趣味とかなぐさみをもてば、「あの人はひどい利己主義者だ」と非難する。個というものを認めていないから、何もかもがみんな一緒でなければならないのである。

ひどい利己主義者ほど、他人のほんのささいな利己主義をも非難罵倒する。

遠慮のない身内の世界などというが、実はその世界は身内の誰かの犠牲のうえになりたっているのである。

甘えた者が冷酷無比であるというのは、甘えている者を観察すればわかることである。

つまり、身内にベタベタと甘えているのは、身内の者がベタベタ甘えることを許すからである。

甘えた者は、周囲が自分を受け入れることを際限なく求める。そして、甘えた者は身内の中にあって、受け入れてほしいという自分の要求がかなえられていると感じる。そこでは他者を自分が独占している雰囲気さえもあり、おとなしい。しかし、自分が受け入れられないと感じる時は攻撃性を示す。

つまり、身内以外のところでは自分が受け入れられないと感じるから攻撃性を示し、冷酷無比になるのである。したがって、たとえ身内であろうと、自分が受け入れられないと感じる時は冷酷無比になる。

これまで、ここで述べてきたことは、主として、身内に対して冷酷無比になる例についてである。なぜなら、甘えについて述べられる場合、たいていこの点が抜けてしまっているからである。それによって、あたかも、身内への甘えと外への冷酷が矛盾しているように受けとられてしまう。

ここでいいたいのは、甘えている人間が決して内と外で違った人間になるのではなく、単に、周囲がその甘えを許すか許さないかの違いだけであるということである。

"甘え"につけこまれるな

「テレフォン人生相談」をひき受けてから、いかに多くの女性が夫の甘えにまいっているかを知らされた。

給料を他の女に渡してしまう。その女にはぜいたくをさせる。それでいながら奥さんとは別れない。あげくのはてに、「俺のことをわかってくれ」などといっている。「俺は会社で苦労している」とか、「もっと大きな愛で俺を包んでくれ」とかいっているのである。

ここまでくると、先のおばさんの同居と違って、かなり一般的になってくる。

こういう例をあげるなら、身内の誰かに甘えているということは、身内のその人に冷酷無比であるということに他ならないということがわかるであろう。

シーベリーは、自己犠牲ということに強い警告を発している。そして、先にもいったように「血縁関係につけこまれるな」と注意する。血縁関係という世界では、何か頼まれると断わりにくい。断わると自分が利己主義であるような気がしてしまうからである。

しかし、頼む側の態度、心理はどうかといえば、傍若無人、冷酷無比なのである。

私は、土居健郎とシーベリーでは、書く目的も表現も言葉づかいもまったく違うが、その根底において同じテーマを扱っているのに驚いたことがある。もちろん、シーベリーは甘えという言葉をつかってはいないし、甘えを土居のように考察しているわけでもないのだが。

『「甘え」の構造』に次のようにある。

「……遠慮が働く人間関係を中間帯とすると、その内側には遠慮がない身内の世界、その外側には遠慮を働かす必要のない他人の世界が位置することになろう。面白いことは、一番内側の世界と一番外側の世界は、相隔たっているようで、それに対する個人の態度が無遠慮であるという点では相通ずることである」

そのとおりである。ただ、その次に「ただ同じく無遠慮であるといっても、身内に無遠慮なのは甘えのためであるが、個人に対する無遠慮は甘えの結果であるとはいえない」とある。

ちょっとあげ足とりのようになるが、「個人に対する無遠慮は甘えの結果であるとはいえない」という表現が気になる。

なぜなら、私は無遠慮は甘えた人間の本質であると思っている。そうした意味で、個人への無遠慮も、甘えの結果であるに違いないと思う。

さらに「前者では、甘えていて隔てがないので無遠慮であるのに対し、後者では、隔てはあるが、しかしそれを意識する必要がないので無遠慮なのである。このように甘えが濃厚でも、またまったく欠如していても、同じように人を人とも思わない態度があらわれることは注目すべきことである」とある。

しかし、甘えの本質は、人を人とも思わないということである。個人に対して人を人とも思わぬ態度をとるのは、甘えが欠如しているというより、むしろ甘えがあるからではなかろうか。

甘えが濃厚では、確かに身内にあって人を人とも思わぬ態度になる。しかし、外の個人に対しても、人を人とも思わぬ態度になるのである。それなのに、身内の者に対して人を人とも思わぬ態度をとると甘えが濃厚と見え、外の個人には甘えが欠如していると見えるのはなぜであろうか。

甘えた人間にとって、遠慮の外側にある人は利用価値がないからである。遠慮の内側にある人は、甘えた人間にとって利用価値がある。この違いが、一見すると、甘えの濃厚と甘えの欠如に映るのである。

それは、甘えている人間のずるさなのである。ずるくて、人を人とも思わぬ人間であるからこそ、身内にベタベタとし、他人に対しては厚顔無恥になる。

しかし、これはまったく同じことなのである。甘えをかこんでいる環境の違いから、あらわれ方が違っているだけなのである。

シーベリーが『自分に負けない生きかた』（加藤諦三訳　三笠書房刊）の中で、くり返し説いていることは、この、人を人とも思わぬ甘えた人間に、どう対処するかということなのである。

人を人とも思わぬ人間のために、いかに多くの人が傷つき、病み、そして廃人のようになっていったことか。

この、人を人とも思わぬ甘えた人間は、相手が自分に尽くさないと相手を利己主義と責める。この責められ方に普通の人は弱い。

先に、〝甘え〟の特徴とは冷酷無比であると述べた。このことは、三歳の子どもの、母親への態度を見ればわかる。母親が洗濯などで忙しくしていても、三歳の子どもは決して母親の立場を考えない。気に入らなければワーワー泣く。相手を自分の思うように動かそうとするだけである。

しかし、それは三歳の子どもだから可愛いし、許されるのである。〝甘え〟とは無力な幼児がもってこそ自然なのである。無力な幼児が甘えて初めて可愛らしいのである。

しかし、相手の立場を一〇〇%無視する甘えた態度を大人がとったらどうなるだろうか。

赤ちゃんにはオシメが必要であるし、また甘えさせてやることも必要である。しかし、三十歳の人間がオシメをしていたらどうだろうか。

〝くやしさ〟の味

ひ弱な〝うぬぼれ〟

かつて私は、自慢話をする人は自分の強さを示しているのではなく、自分の弱さを示しているのだと述べた。自慢話と同様に〝うぬぼれ〟ることも、その人の弱さを示している。うぬぼれている人間は自己嫌悪の強い人であろう。

『対人恐怖の人間学』(内沼幸雄著　弘文堂刊)に〝うぬぼれ〟について触れているところがある。それによると、〝うぬ〟とは自己のことであり、〝うぬぼれ〟とは自己に惚れていることとある。

また、うぬぼれている人には自己満足がつきものだが、対人恐怖症者は、うぬぼれていながら、完全に自己に満足していない人間のことであるという。

私にいわせれば、対人恐怖症者は、完全にうぬぼれていないというよりも、むしろ不安に対して自分をどう維持したらよいかわからないまま、うぬぼれているのである。自分の心理的不安を抑えるための手段のひとつが〝うぬぼれ〟なのであろう。だからこそ、うぬぼれていながら、完全にうぬぼれきれないのである。

うぬぼれる動機が、自己に惚れていることなら、完全にうぬぼれることもできるのであろうが、動機が不安なのだから、うぬぼれきることができないのである。

他人を非難する時、その人を本当に非難している時もある。しかしまた、自己の無価値感から自己を回復する意図をもって他人を非難している時もある。他人を称賛する時も同じことである。

〝うぬぼれ〟も同じである。したがって、〝うぬぼれ〟は自己の弱さを示しているにすぎないのである。

うぬぼれている人間は、心の底では自分はたいしたことはないと自分に失望している。自分の無価値感から必死に眼をそらしている。自分はダメな人間だという感じ方を意志の力で無意識へ追いやっているのである。

うぬぼれている人間を観察してみるがいい。たいてい人間関係が希薄である。前掲の本にも、うぬぼれている人間は、惚れている自己のほうに重きをおき、現実を無視するとある。そのとおりであるが、さらにいえば現実を直視することができないということであろう。

つまり、現実を直視すると自分が傷ついてしまう。現実を直視するとは、抑圧しないということである。うぬぼれている人は自分の心が傷つかないようにするためには、現実を無視せざるを得ないのである。

対人恐怖症者は、他者との関係で常に挫折を味わう。しかし、何度挫折を味わっても、その挫折を認めることができず、そのたびに非現実的な自己の価値を高めていく。自分の挫折を心から認めることが問題の根本的解決策であるのに、それができない。そしていよいよ「あいつらは何もわかっていないんだ」とか、例によって他人の批判をはじめる。

そして、その方法の中で、自分たち独特の生きる態度を身につけていく。独特の良心、独特の価値観、独特のもののいいまわしというように、独特の考え方から、ついには独特の動作にまでいたってしまう。

そしていよいよ現実の他人との断絶を深めていく。それが先にいった、うぬぼれている人は人間関係が希薄である、ということである。

高慢な人ほどくやしさを味わう

ところで、自分にとって非現実的な自己の価値が高まるとどうなるか。

自分は〝大変なもの〟だとうぬぼれている。しかし、他人は、〝大変なもの〟として扱ってくれない。他人から見れば、うぬぼれている人間の孤独が見えてしまう。うぬぼれている人間の、「おまえなんかに馬鹿にされないぞ」という不安な緊張が感じられるのである。

それが感じられれば感じられるほど、他人には心の底で尊敬する気持ちがなくなっていく。できればそのうぬぼれている人間とは関係なく生きたいと思う。うぬぼれとは所詮自己満足であるから、できれば他人に認められたい。しかし認められない。そこで、現実の他人との接触は常に我慢ならないものとなる。

ここにあらわれるのが〝くやしさ〟である。うぬぼれている人間が、他人と喧嘩をして負ける。最後に「くやしい！」と絶叫する。

『「甘え」の構造』では〝くやしさ〟ということについて、日本人の判官びいきの心理は、この〝くやしさ〟と密接な関係があると触れている。

日本人が源義経、楠木正成、四十七士、西郷隆盛などの敗残の将のほうに強い親近感を覚えるのは、〝くやしさ〟のためである。

なぜなら、日本人は、〝くやしさ〟の感情をもつと、それと同じ経験をしたと思われる歴史上の人物と自分を同一視し、その人物をもちあげることによって、自分自身のカタルシスをはかっているというのだ。

確かにそのとおりであるが、残念なのは〝くやしさ〟を解説しながら、そこに、最も関係の深い〝うぬぼれ〟について触れていないことである。

〝くやしさ〟は甘えの心理の延長線上にある――そのとおりである。しかし、より具体的にいえば〝うぬぼれ〟と密接な関係がある。

〝うぬぼれ〟が傷ついた時、〝くやしさ〟があらわれるのである。

そして、〝うぬぼれ〟の感情は、非常に傷つきやすい。

本当は自分に失望している人間がいる。しかし、その、自分への失望を、意志の力で無意識へと追いやる。そして、自分の失望から眼をそらしているために、他人を非難してみたり、うぬぼれてみたり、いろいろする。

しかし、現実を無視している以上、どうしても現実は自分の思うように動かない。他人は自分の望むように自分を称賛してくれない、自分と一緒になってある人を非難してくれない。

そんな時に味わうのが〝くやしさ〟である。そして、他人に自分の心の底にある自分への失望を指摘されようものなら「くやしい！」となる。

「高慢は出世の行き止まり」という。このことわざは、高慢な者は、それ以上に地位があがらないという意のようである。

しかし、これを心理的に解釈すれば、出世が行き止まると高慢になる、となるだろう。出世が行き止まったのに、そのことを自分で認められなくて高慢になるのである。

したがって、高慢な人は、絶えず〝くやしさ〟を味わっている。

そして誰かに、自分が認めることのできないでいる現実を指摘されると、〝くやしさ〟が爆発するのである。

✣自分をダメにする愛し方

相手が独身だと思って尽くしていた女性がいた。男性の側が、自分は独身であるとウソをついていたからである。

ところが、それがバレてしまった。その時、「くやしい！」となる。自分の青春を相手のために捧げていれば捧げているほど、「くやしい！」と感じる。

「もう二度と返らぬ自分の青春を、よくもこんなにメチャメチャにした」と相手をのろうことになろう。

しかも、どんなにあがいてみたところで、自分の青春が返ってくるわけではない。相手を殺してしまいたいが、行動に移すとなるとやはりためらいがある。自分の人生をメチャメチャにされながらも、相手に復讐することもできない。

相手からひどいめにあわされながらも、どうすることもできない無力感、これが〝くやしさ〟であろう。憎しみプラス無力感が〝くやしさ〟なのである。

多くの女性が〝くやしさ〟に耐えて生きている。自分の愚かさを受け入れるよりも、相手を憎んでいるほうがたやすいからである。

そんなひどい男と恋に落ちるということは、自分の側にも心理的な弱点があったからなのである。それが虚栄心であるか、父親コンプレックスであるか、何であるかはわからないが、何らかの弱点があったからだまされたのである。

甘い汁を吸おうとしたか、利己主義者であったか、劣等感が強かったか、何であったか……とにかく何かの弱点につけこまれたのである。

たびたび人をだます人間でも、誰でも彼でもだませるわけではない。やはり、だましやすい人というのがいるのだろう。

ずるさは弱さに敏感であると前にも書いたが、ずるさは敏感に相手の迎合を見抜く。他人に迎合する弱い人間をすばやく感じとって、だます。

他人の称賛を必要とするような劣等感の強い人間は、その弱点を利用され、お世辞をいわれていいように操作されてしまう。

商売とは相対のだましあいだ、といった人がいる。だまされるほうが悪いというのである。確かに、だまされる人間というのは、何らかの弱点をもっているのだろう。

もちろん、だまされたほうは「それはそうだけれども、いくら何でもこれはひどいじゃないか」というだろう。相手を信頼していたからこそこうしたのだ、あの人を信じていたからこそああしたのだ、と思えば、どうしても相手を許せなくなる。相手を信じる気持ちが強ければ強いほど、裏切られた時のくやしさの感情は強い。

「あんなに温かい言葉をかけておいて」「あんなにやさしい態度を見せておいて」それでもってこんな……許せない、くやしい！　とだまされた側は感じる。

しかも、だまされた私はこんなにみじめな生活をしているのに、だましたあの人はあんなにのうのうとした安楽な生活をしている、あの人はあんなにみんなにちやほやされているのに、私はもう誰も相手にしてくれない。世の中なんて信じられない、許せない……くやしい！

確かに、この人の感じるとおりであり、主張するとおりである。

確かに「あんなにやさしい言葉をかけておいて」と思うに違いない。しかし、もしこの人に弱点がなかったらどうであろうか。

自分の心が冷たかったから、相手の心の冷たさを見抜けなかったのではなかろうか。もし自分が心の温かい人間であったら、「なんかあの人の温かい態度って、わざとらしくて信じられない」と感じたかもしれない。

「あの人のいうことを信じたからこそ、自分の青春を賭《か》けて尽くしたのだ」というのも本当であろう。しかし、自分が他人に対して本当の愛情をもっていたら、「なんかあの人の愛情表現って不自然だなあ」と気づいたかもしれない。

「あの人の主張する愛情や温かさは、幼児的依存心にすぎないみたい。本当の愛情や温かさとはまったく違う」といった言葉で理解はできなかったとしても、「なんかあの人は冷たい」と感じたはずなのである。

また、相手があなたをだまそうとしてだました時も同じである。「この女は虚栄心が強い」と見抜かれたのである。適当におだてられて遊ばれて捨てられたのである。「もう男なんか信じられない」とその時思うのはあたりまえである。しかし、時が経って成長してみれば、「どうして私は、あんな見えすいたお世辞におどらされたのだろう」ということを感じるに違いない。虚栄心がなくなってみれば、「どうしてあんな見えすいた……」となるのである。

だますほうにもいろいろあろう。あいつをだましてやろう、と思ってだますこともあろう。あるいは、相手が冷たい性格で、自分の心の冷たさを自分で抑圧していて、逆にオーバーな愛情表現をすることもあろう。

最大級の愛の言葉が並ぶラブレターを書く。しかし、本当の愛情など全然ない。

こんな誇張された偽りの愛情を真に受けて、恋愛関係に入り、ズタズタになって捨てられる。これは、二人ともが本当の自分の姿に気づいていないから起きることなのである。

憎しみのとりこになっては人生が台なし

自分はだまされていた、利用されていた、おだてられて操作されていた、そんなことがわかった時、能動的な人と受け身の人では反応が違ってくる。

もちろん、どちらも相手を憎らしいと思うし、くやしいと思う。しかし、憎らしさにとりつかれてしまうのは、受け身の人である。

能動的な人は、憎らしい、くやしいという気持ちになるよりも、あの人たちとのつきあいはもう〝嫌〟だという気持ちになる。

能動的積極的な人は、相手の正体がわかった時、その人と無関係になろうとする。

自分が恋していた男はこんな男だったのか、自分が尊敬していた親はこんな人間だったのか、自分が信じていた友人はこんな人間だったのか、そうわかった時、とにかく無関係になろうとする。

自分はだまされていた……そうわかった時が、天国と地獄の分かれ道なのである。

ある花街の女性の話である。彼女は自分のだんなのいうことを信じていた。彼はいつも彼女にいっていた。ステテコになって気楽にしていられるのはおまえの前だけだ、と。

彼女は、彼が自分と一緒にいる時がいちばん自由な気持ちでいられることを喜んでいた。夏になってステテコ姿で家の中をウロウロするのを見るたびに、彼女は誇らしくさえなった。彼にはここがいちばん気楽なんだと思うと、彼をもっと大切にしようとした。「おまえの前だけ……」この言葉を支えに、彼女は生きてきたのである。

そして夏のある日、彼と外で会う約束をした。彼は約束の時間に遅れた。なかなか来ないので、ふと彼の家へ行ってみる気になった。

彼の家の窓にはスダレがかかっていた。彼女はついついスダレを通して家の中をのざいてしまった。するとそこに、自分のところにいる時と同じステテコ姿の彼がいたのである。彼女は一瞬、血がさっと引くのを感じた。死のうと思った。そして、彼を殺そうと思った。

この種の話はいくらでもあろう。

自分が体を売ってつくったお金で、彼に貢いだ。彼が事業に失敗し、何もかもなくなってしまったといったからだ。十年間、自分の青春を彼に捧げた。しかし、ある時、彼は事業に失敗するどころか、大変な隠し財産をもっていることがわかった。

自分の人生で最も楽しい大切な十年間を犠牲にして彼に貢いだと思うと、彼女は憎しみのとりこになった。

同じことが子どもにもいえる。自分の親が、自分の人生をおもちゃにしていることがわかった時、子どもは憎しみにとらわれる。

だが、考えてみれば、恋人や親のいうことを信じてしまったのは、彼らに対して依存心があったからである。そして、その人間への依存心を克服できないでいるから、憎しみにとらわれて、一生を復讐に費やしてしまうのだ。それこそ、残りの人生まで、そんなくだらない人間にメチャメチャにされてしまうのである。

その人が温かそうな声を出していたのを、温かいと信じていたのは、自分に依存心があったからである。

自分に自律性が備わっていれば、その温かい〝ふり〟をしたそぶりや声の調子に、冷酷なものを感じて〝ゾッ〟としたはずである。

問題は、自分が成長して〝ゾッ〟とした時である。今まで自分が払ってきた犠牲を思うと、気持ちはどうしても復讐にかたむいていく。

初めて会った人間に〝ゾッ〟とする冷たさを感じたら、それ以降はその人を避けるようになる。しかし、今まで自分の人生のすべてを捧げてきた人間と、そう簡単に別れられるものではない。

しかし、それでもやはり、ここは天国と地獄の分かれ道なのである。

そして、能動性が身についていればいるほど、こらえきれないくやしさからの復讐ではなく、相手とは無関係の道を選ぶのではなかろうか。

なぜなら、能動的であればあるほど、相手の汚さに耐えられないからである。

ひっきりなしのプレッシャーに負けない

どんどん拡大する抑圧

われわれは、自分が受け入れることのできないものが自分の中にある時、それを抑圧する。親への攻撃心なども、親に心理的に依存しているかぎり抑圧される。

親に心理的に依存し、しかも親を恐れている場合は、親の望まぬものは、性的なものであろうと何であろうと抑圧してしまう。親への恐怖心が、自分の衝動にブレーキをかけるのである。

しかし、ここで最も注意すべきことは、ただひとつの衝動を抑圧し無意識へと追いやることが、他の衝動にも何らかの影響を与えることになるということである。

子どもが依存できるのは親だけである。その親が我執の強烈な人である時、子どもは親への攻撃心を抑圧する。しかし、この抑圧が子どもの人格全体、情緒全体に影響を及ぼすということを忘れてはなるまい。

この子にとっては、単に親への攻撃心が抑圧されただけではない。抑圧は拡大する。つまり、愛の感情も鈍化する。抑圧が拡大すれば、物事への興味も薄れてくる。動物を可愛いと思ったり、山に登りたいと感じたり、美しい音色を聴いて感動したり、文学に興味を覚えたりということは、抑圧の拡大とともになくなってくるであろう。

抑圧が拡大するということは、人間としての成長の可能性を失っていくことであり、そうした点で自然の流れに逆らう。したがって、イライラしたり、憂うつになったり、憎しみにかられたり、虚栄心のとりこになったりする。

情緒が成熟し、感情が豊かになり、物事に興味がわくという心の温かい人になるためには、どうしてもこの抑圧を解消するしかないであろう。

抑圧について、第二に注意すべきことは、その結果として出てくる憎悪は、弱いところに向けられるということである。

抑圧せざるを得ない状態に自分を追いこんだ我執の親には、当然憎悪は向けられない。向けられないから抑圧しているのだから。結局、弱いところに憎悪を向ける。自分より強い立場の人間に憎しみをもつことは危険なのである。

強い立場の人間には卑屈になり、弱い立場の人間には牙をむきだす。自分の上役には卑屈になり、部下をいじめぬく。上役を攻撃することは危険である。そこで、安全な部下を選んでいじめぬくのである。

そのいじめ方のひとつとして、〝○○べき〟論を展開する。〝べき〟論のような〝立派なこと〟を主張するのだから、いじめられるほうはたまらない。言葉のうえでは立派なことをいっているのであるから反論しにくい。「下いびりの上諂《へつら》い」ということわざがある。弱い者いじめとは、よくいったものである。

このような場合、すべての部下がいじめられるわけではない。「こいつ弱そうだ、いじめても安全だ、自分の身に危険はない」といえる相手だけに的をしぼって自分のうっぷんを晴らすのである。また、彼らは実に正確にこの的をしぼる術を心得ている。ずるさは弱さに敏感である。冷たさも弱さに敏感である。隠された憎悪も弱さに敏感である。なぜなら、それらは弱さを必要としているからである。必要としているからこそ、敏感に弱さを見わけるのである。

抑圧によって生じた苦しみは、弱い者をいじめることで、瞬時忘れられる。しかし、弱い者いじめは抑圧の本質的な解決ではないから、年がら年中、弱い者をいじめていなければならない。

企業内だけでなく、いわゆる姑、小姑の嫁いびりなどもそうである。

たとえば、小姑が苦しみを根本的に克服するためには、自分の親に攻撃心を向けるべきである。そして、それを通して親から心理的に乳離れし、一人前の大人へと成長していくのである。

ところが、子どもの抑圧を深化させトラブルを生じさせる親というのは、我執の人であるから、親へ向けるべきものがなかなか親へ向けられない。逆に親と一緒になって嫁いじめをはじめる。

これで嫁いじめが成功している場合は、小姑は神経症にもならない。ところが、立場が弱いとはいえ、お嫁さんのほうが情緒的に成熟していて、思うようにいじめられないと、今度は小姑が神経症になる。

お嫁さんがいじめぬかれて精神的におかしくなるか、逆に小姑が神経症になるかなのである。この小姑の心境こそが〝くやしさ〟なのである。

自分の心が歪んでしまう時

抑圧が深化している時には、当然依存心は克服できない。

依存心というのは、己れを倒すか、相手を倒すかしかないのである。この小姑にしても、他にいじめられる人が見つかれば、おかしくはならないであろう。だからこそ、強い立場の人間の依存心が強いと、弱い立場の人間は精神的におかしくなるのである。

つまり、依存心の強い者は、相手をいじめられるかぎりいじめぬくわけである。そして、弱い立場の人間は依存心が強いと神経症になる。

嫁いじめに失敗し、精神病院に入院したある女性の話である。その女性患者にしてみれば、弱い者を次々と探しながら生きてきて、そのたびにいじめることに失敗し、お嫁さんが最後の獲物だった。

ところが、この嫁いじめも思うように効果があがらなかった。いじめられるわりには、お嫁さんのほうがわりと冷静だったからである。

ある時、お嫁さんの過去のことをもちだしていじめにかかったが、お嫁さんは相手にしなかった。その時、その小姑は「お母さま、くやしい！」と叫んで暴れだした。

なんと、その小姑というのは五十歳近い女性なのである。抑圧が深化し、次々といじめながら生きてきて、最後の獲物でも失敗し、おかしくなった。本当は、彼女が憎しみを向けるべき相手は親だったのに。

彼女は我執の父親に所有され、「よい子、よい子」と依存心をもてあそばれた。また、その苦しみを母親は理解しなかった。まさに、彼女の憎しみは親に向けられねばならなかったのだ。

しかし、抑圧がほぼ完全であったために、憎しみは親には向かず、逆に「お母さま、くやしい！」と絶叫して、情緒のバランスを失うにいたったのである。

このような話はあまりにもグロテスクで気味が悪いが、現実にこの世の中で起きている事件なのである。

異常な依存心は、己れを倒すか相手を倒すかしかないと述べたが、これを別のいい方で表現すれば「精神障害者の親は、子どもが神経症になることを必要とした」ということになろう。

親は、子どもの心に重荷を負わせつづけることで、自分の情緒のバランスをとっているのである。

前に例にあげた、妻を夜中の二時、三時までなじる夫などというのも、弱い者に向けて隠された憎悪をあらわしているのである。

そして、もしそれを妻が受けつけなければ「くやしい！」となる。

親への攻撃心や憎しみなどは、当人が自覚することでかなり解消される。いや、自覚できるということは、それだけ当人が成長しているということなのである。

ところが、抑圧が深化してしまうと精神的脱皮が不可能になり、弱い者いじめで心のうっぷんを晴らすことになる。

心の冷たさとは、抑圧がもたらしたものであろう。

心が冷たいということは、ナルシシズムが克服されていない、幼児的依存心が抜けきっていない、劣等感が強くて利己主義であるということである。

それでいながら、他者を立てることに気をつかったりしている。気をつかいながらも、同じような者にはライバル意識をもっている。

抑圧した者の感情は屈折に屈折を重ねている。〝ひねくれている〟という表現がよくあたっている。

3章

淋しい人間関係はもうたくさん

八方美人のかぎりない孤独

嫌われないけど、愛されもしない

心の底では自分を低く評価している人がいる。しかし、そのことが不快で受け入れられなくて、自慢話をしたり、傲慢になったりする。これが抑圧活動である。

そしてそれは、権威主義的言動、八方美人的言動、立派なことばかりをいう規範意識の肥大化した人の言動などに象徴される。これらの言動を続けることで、自分の真の感情に眼を背けつづけているのである。

それらの人は、これらの抑圧活動を続けることで、自分の認めたくない感情を隠滅しようとしているのであるが、実は逆効果になってしまっている。

それではまず、〝八方美人〟といわれるものについて考えてみたい。

八方美人的人間は、極端にいえば、周囲から思う存分、とことん軽く見られているのである。そして、当人も周囲の人に明快な感情をもてないでいる。

彼は、いろいろな人とつきあう。ある人とは日常的につきあっている。そして、その日常的につきあっている人を自分の味方だと錯覚している。自分は重んじられていると錯覚している。自分は好かれていると錯覚している。

しかし、彼は、自分が何か大変な困難にぶつかって周囲の援助を必要とした時、周囲の人間が自分をどう見ていたかという現実を知る。

彼はその時はじめて眼が覚める。自分の味方であり、自分を尊敬していると信じていた周囲の人間が、自分にはまったく無関心であるか、あるいはいかに自分を軽く見ていたかということに気づくのである。周囲の人間は、決して困っている八方美人的人間には同情を示さない。

周囲の人間にとって、彼とつきあう意味があるのは、彼が自分の奴隷になるからである。周囲の人間にとって彼は利用価値があったからつきあっていたにすぎない。

利用価値があるというのは、経済的な意味ばかりではない。精神的な意味も含む。

自尊心の傷ついた人、自己評価の低い人にとって、八方美人とつきあうことは心地よいことである。自尊心の傷をその場だけでも癒してくれる。尊敬を渇望している傲慢な人間にとって、八方美人が自分に迎合することは心地よいものである。

ところが、その依存心の強い八方美人が周囲への迎合をやめたとたん、周囲の人間にとって彼はまったく無意味なものになる。

彼が周囲に迎合していいなりになっていたからこそ、周囲は彼とつきあっていたのである。彼が奴隷になっているかぎりにおいて、周囲は彼の時間も労力も自分の思うように使えた。

ところが、彼が困難に遭遇したり、彼に自律心が出てきてしまっては、彼は周囲にとってまったく意味がなくなる。

そうなった時、彼は初めて現実に接する。そして眼が覚め、自分が思う存分、心ゆくまで周囲になめられていたことに気がつく。

しかし、その時同時に、自分の本当の感情にも気がつく。今までつきあっていた人の中に、自分の好きな人など一人もいないということに。今まで好きだと思っていた人を、実は心の底では嫌っていたのだと。

周囲の現実に接して、〝くやしい〟と思う。よくもここまで自分をボロボロにしたと思い、くやしくて歯ぎしりする。

しかし、その一方で、彼は何かさっぱりした感情を味わうはずである。なぜなら、今まで一度も味わったことのない明快な感情が、自分の中に生まれてくるからである。それまでは、好きなものを嫌っていた。愛しているものを憎んでいた。大好きな自分自身を嫌悪していた。自分の周囲についての感情は、何もかもアンビヴァレントであったのである。

今まで何ひとつとして、好きなだけ、嫌いなだけ、あとは何もない、というものがなかった。ただ単純に好きなだけ、それっきり、これっきり、というものがなかった。嫌いな人間に迎合していった。嫌いな人間にお世辞をいってすりよっていった。相手を嫌いであるという自分の感情を抑圧して。

なぜ抑圧したか、それは相手に嫌われるのが怖かったからである。

ある人を嫌いであるという感情より、その嫌いな人間に嫌われることの恐怖のほうがもっと強かったのである。だから、嫌いであるという感情を抑圧したのである。

無意識において低い自己評価に苦しむ人は、周囲に受け入れられようとして八方美人になる。

だから、うつ病の特徴が低い自己評価であり、うつ病の病前性格が八方美人なのである。

いずれにしても低い自己評価に苦しみ、八方美人になると明快な感情を失う。

「まず相手の望む人間」にならなければいけない……⁉

それにしても、自分が心の底で憎んでいる人間に受け入れられようとして自分を変えていくとは、なんと悲惨なことであろうか。自分が憎んでいる人間の望むものに自分がならなければならないとは、なんと悲惨なことか。

八方美人はまず相手が望む人間にならなければならない。しかも、その相手を心の底では憎んでいる。

それなのに、八方美人は自分が心の底で憎んでいる人間によって自分の価値が決められると思っている。だから、憎んでいる人間が望むように、自分で自分を変えていくことになってしまう。

依存心を克服でき、八方美人でなくなれば、私はあいつが嫌いだ、理由も何もない、単純にきれいさっぱり嫌いだ、そういう感情のもち方ができる。そうなれば、心の底で敵意をもっている人間のご機嫌をとる必要もない。

心の底で敵意をもっている人間に、笑顔をつくってお世辞をいうとは、なんと悲惨なことであろうか。依存心を克服し、八方美人でなくなるということは、そういう悲惨さから解放されるということである。

たまたま営業の仕事をしている人と話していたら、彼らは口を揃えて、嫌な人間の接待ほどみじめなものはないという。接待ゴルフ、接待マージャンなどがその代表的なものである。

しかし、八方美人のみじめさは、これとは比較にならないほど大きい。

接待マージャンをする営業の人は、相手に対する自分の本当の感情を知っている。しかし、うつ病にまでなりそうな八方美人は、相手に対する自分の本当の感情に気がついていない。

営業マンは、嫌な人間と思いつつ、相手の希望に沿って動く。だからこそ発病しないのである。ところが、発病する八方美人というのは、心の底で相手を憎みつつ、それを自分でもごまかして、相手の希望に沿って動くのである。

真に相手を恐れているのが営業マンか八方美人かはあきらかであろう。営業マンは接待のあと、親友と酒を飲めばよい。

しかし、うつ病になりそうなところまで追いつめられている八方美人は、自分の本当の感情に眼を背けているから、いつもイライラしている。慢性的な焦燥感に悩みながらも、何もかもが億劫《おっくう》なのである。

エーリッヒ・フロムなどの本を読んでいると、現代文明の批評として、各人にとって、ならねばならぬのは〝相手が望む人間〟である、という主旨のことが書いてある。だが、〝相手が望む人間〟というのは、その相手が自己評価の低い人か、そうでないかによってまったく異なってくる。

心の底で自己評価の低い人間は、自分にすりよってくる人間、自分に迎合してくる人間を望む。

ところが、自己評価の高い自由な人間は、自分にすりよってくる人間を拒否する。

心の底で自己評価の低い人間は、自分の内部に深い依存への要求をひそませている。

彼とつきあう相手は、この深い依存の要求をかなえるものでなければならない。人間は、生まれた時は奴隷ではない。しかし、親の中にある深い依存の要求に負けて、奴隷根性をもつようになる。

それが八方美人のはじまりである。

ラスウェルは“*Power and Personality*”の中で、あまりにも多くの親が、親の中にある深い依存の要求によって、子どもの形を変えてしまうと嘆いている。

ここで、今まで述べた八方美人の錯覚についてまとめてみよう。

つまり、心の底で実際の自分は他人に好かれないと思っている人間は、つくった自分は他人に好かれていると錯覚しているのである。だから、他人に迎合して自分を変える。

しかし、そのように錯覚することは悲惨である。彼は誰にも好かれていないのである。そのことは、何かの機会に必ずわかる。

もう一度いおう。心の底で漠然と、他人は実際の自分を好きではないと感じている八方美人は、迎合している自分は他人に好かれていると錯覚している。

八方美人が知らねばならないことは、もしこの世の中で自分が好かれるとすれば、それは、実際の自分以外にはないのだということである。虚勢を張っている人間も、このことを心に銘記すべきであろう。

✣誰からも人格を認められない八方美人

くり返すが、八方美人は、間違いなく周囲の人に軽く見られている。

八方美人は嫌われるのが怖いから、周囲の人にいい顔をする。自分の意見も主張しないで、相手のいうことに従う。

自分にとって不利益なことでも、相手が得することをして、自分を立派な人と評価してもらおうとする。自分の不利益はつらいけれど、相手から鷹揚な人間と評価してもらうことは、そのつらさを消してあまりある喜びなのである。相手からケチと思われるつらさより、自分に不利益を被るつらさのほうが、まだ耐えられる。

八方美人はそのように、周囲の人の眼に迎合して自分を犠牲にして生きてきた。

しかし、ある時気がつく。自分は自分の利益を犠牲にし、いや、自分の人生そのものを犠牲にして、他人の眼に評価してもらおうとして生きてきた。

しかし、その結果はどうであったか……彼は気がつく。そうだ、みんなから軽く見られるだけのことであった、と。

そう気がついた時、くやしくてくやしくて、みんなを殺したくなる。ぶん殴ったくらいでは気がすまない。「よくも、自分をここまで奴隷のようにもてあそびやがって」と、くやしさに体中が燃えさかる。怒りに体がふるえる。しかし、もはや利用されてしまったものは返ってこない。

自分を犠牲にして周囲の人に尽くしてみても、結局は軽く見られるだけだということに気がつくのが遅ければ遅いほど、犠牲は大きい。それだけ、くやしさも激しい。

だが、よくよく考えてみれば、八方美人のその人だって、周囲の人それぞれを人格的な個別者として尊重していたわけではない。彼もまた相手の人格を尊重してつきあったことなどないのだ。ただ、相手から評価されたかった、嫌われるのが怖かった、それだけのことではないか。

親の心情を自分自身が先取りして、親にとってのよい子になり、その関係を大人になってからも周囲の人々に延長していった。そして八方美人となり、そのような言動のくり返しの中で、主体的な人間になれなくなってしまったのである。

八方美人が周囲の人間をひとつの人格をもった人間として尊重しない以上、周囲の人が八方美人をひとつの人格をもった人間として尊重しなくても、文句をいえる筋あいではない。

接する相手を個別者として尊重しなかったのは、お互いさまなのである。物理的距離が近くても、心理的距離が遠かったのは、お互いさまなのである。

他人の評価を勝ち得ることの報酬を過大評価している八方美人の心の弱さを見てとったずるい人間が、勝っただけなのであろう。八方美人もまた、ずるい人間と同じように、他人を心から愛せない人間なのである。

所詮他人を心から愛することのできない人間同士の勝負だったのである。八方美人は、周囲の人が自分を心の底でどう見ているかに気づいた時、怒る。くやしいと思う。しかし、周囲の見方そのものが間違っていたわけではない。八方美人とは、確かに軽く見られても仕方のない人間なのである。

愛情豊かな人は、八方美人などに魅力を感じないから、そんな人のそばにいない。

つきあおうともしない。

八方美人は、ある時気がつく。自分の周囲にいるのは利己主義者ばかりであることを。そしてさらに、自分はこんな利己主義者のために自分を犠牲にしてとり入ってきたのか、こんな人間に自分は迎合して生きてきたのかと、くやしくてくやしくて、夜も眠れない時がくる。

だが、考えてみれば、利己主義者しか自分に魅力を感じてくれなかったことは事実である。人々に迎合するような卑屈な人間でなければ、もっとまともな人間が自分の周囲にいたはずなのである。まともな人間、つまり心の温かい人たちが、である。

八方美人は、絶えず自分を抑えつけ、対決を回避してきた。そうしたことを習慣化するうちに、もっともなことを要求する時でも、何かいけないことでもするような気になってしまっていた。

たとえ、相手の要求が不当で自分の要求が正当であると思っても、自分の要求をひっこめ、相手の要求を通してしまう。どうしても対決することができない。

つまり正当な自分の要求をひっこめ、相手の不当な要求を受け入れて、あげくのはてに相手からなめられているのが八方美人である。

✣ つい、他人にいい顔をしてしまう

八方美人的人間を育ててしまう家庭に問題があるのは当然である。そのような家庭には、主権的人物を中心とした服従的な依存関係がある。たとえば、父親に従順な子どもがいる。幼い頃から一方的な服従を強いられる中で、人生は父親の愛なしでは無意味であると確信する。そして、その愛を得る方法が、父親の心情を先取りし、それに服従することであると知る。

小さい頃から父親の眼にかなうように振舞う。父親がお行儀のよいことを望んでいる時はお行儀よく、はめをはずすことを望んでいる時にははめをはずす。父親が静かにしている時は静かにしているし、騒ぐことを望んでいる時は騒ぐ。しかも、自分がそう望んで騒いでいるようにして騒ぐ。

いかなる意味においても、父親の邪魔はしない。父親が、ある歌手をいいといえば、一緒になってその歌手をほめ、自らその歌手のファンになる。

父親がくだらないといえば、一緒になってくだらないという。そして自らくだらないと信じるように、自分をしむけていく。

かくて家庭の中は欺瞞的一体感に満ちる。子どもは受け身の生き方を身につけていく。「年とともにその子は、自分の望みではなく、人びとの欲することを嗅《か》ぎわける達人になっていく」(『プライアント・アニマル』ジョージ・ウェインバーグ著　加藤諦三訳　三笠書房刊)のである。

周囲の人間の望みを嗅ぎわける達人にはなるが、自分の望みが何であるかがわからなくなっていく。そして、周囲の自分に対する反応を、自分の人格と考えるようになる。

自己の他者化がすすむ。対人関係において自分を抑圧するうちに、自分でも自分がわからなくなる。本当の自分の感じ方が、他人と違うのを恐れて、自分の感じ方を抑圧しているうちに、自分でも自分がどう感じているのかわからなくなる。

このような八方美人は、何度もいうように、接する人からは軽く見られている。しかし、何かの運で大成功する時もあるだろう。しかし、大成功して何万人の人に評価されても、自分で自分を重要とは感じられない。

いずれにしろ、他人の望みを長いこと嗅ぎわけているうちに、自分の望みがわからなくなってしまった。そして、人間関係で失敗すると、自分が他人の望みを充分に嗅ぎわけなかったからであると考える。

事実は逆で、その人が自分を主張しなかったからである。なぜ人間関係がうまくいかないかといえば、この判断違いが原因なのである。その人が失敗したのは、自分の望みを主張しなかったからである。

八方美人はいつも抑圧による判断違いをしている。評価されようと周囲の人の望みを嗅ぎわけて、自分を犠牲にし、努力して、周囲の人からなめられている。

しかし、これらの悲劇の出発点はすべて、生まれ育った家庭の服従的依存関係にあったのだろう。

八方美人は、欺瞞的一体感に慣れてしまっているので、他人には迎合できても、他人と協力して何かをすることができない。

常に愛とか信頼とかを口にするが、自他の関係の真の感情的交流は希薄である。

誰にでもいい顔をするのは、先にも述べたとおり、その人の人格を尊重しているからではなく、嫌われるのが怖いからである。

八方美人にとって、他人から嫌われるということは挫折を意味する。他人にいい顔をするのは、自分の挫折を避けるためである。対人的配慮は、自分の挫折の危険に対する配慮にすぎない。

もちろん、当の本人はこのことに気がついていない。だからこそ、自分が周囲の人に軽く見られていると知った時、猛烈に怒るのである。くやしいと思うのである。

八方美人のやっていることはすべて立派である。しかし、自分を偽って生きている。だからこそ人間関係がうまくいかないのである。

やっていることが立派であるということと、その動機が立派であるということは、必ずしも一致しない。八方美人になって誰にでもいい顔をするのは、自分の内部にある喪失感に対する防衛なのであろう。

ところで、みんなにいい顔をしているから尊敬されているかというと、そうではないということは、これまで述べてきたとおりである。ずるい人間は、軽く見て利用にかかる。また、内部の充足している人間は、〝何か得体の知れない人〟という印象をもって避けてしまう。内部の充足している人は、飾り気だけの人と、飾り気なく存在する人を感覚的に見わける。

もし自分を八方美人だと思うなら、次のことを記憶しておくことである。実をいえば、他人はあなたにそれほど期待していないのである。

今まであなたは、あまりにも多く、親を中心とする周囲の人々に期待されて育ってきた。そして、大人になってもまだ、周囲の人は幼い日と同じようにあなたにいろいろなことを期待していると思っている。

あなたは、親に自分自身の延長として見られてきた。親は、あなたの人格を自分の人格と違ったひとつの人格として認識したわけではない。あなたは、親にとってあくまで自分の人格の延長でしかなかった。

親はあなたに一体化することで、あなたを自分の自由にしようとした。そして一体化することを愛と錯覚した。

神経質なあなたは、親の幼児的依存心の標的にされ、かつ、それが愛であると信じさせられてきた。

そして、大人になってからも、その感じ方はそのまま他人へ転移されていく。あなたは、他人を自分の延長とみなし、他人から延長とみなされることに慣れている。そのように感じるからこそ、他人はあなたにとって重大な存在なのである。

しかし、他人にとって、あなたはそんなに重大な存在ではない。

ある八方美人のビジネスマンは、会議に出るのを嫌がっていた。会議において、白分が発言することを期待されていると錯覚していたからである。

誰も、彼のことなど何とも思っていないのである。

八方美人もまた、現実と接することなく、一人でつくった架空の世界に生きているのである。

権威主義の裏に劣等感が見える

おもちゃにされた人生

弱い人間に「変われ！」と暗黙に求めてくる人は多い。まずはじめは親である。親は子どもを愛したつもりでいるかもしれない。しかし、それは親の気持ちに沿って愛したにすぎないのである。

今までに、彼は自分の気持ちに沿って愛されたことがあるだろうか。もしかすると、生まれてから一度もなかったのではないだろうか。

もし、本当にありのままの彼が愛されたのであれば、どうして彼はそんなに眼つきが悪くて苦しんでいるのだろう。寝ついてもなぜ、すぐに眼が覚めてしまうのだろう。

もし、本当にありのままの彼が愛されたのであれば、どうしてそんなに何をするのも億劫なのだろう。なぜそんなに疲れやすいのか、なぜそんなに動悸《どうき》がするのか。もし、本当にありのままの彼が愛されたのであれば、なぜそんなに胃が痛むのか、なぜそんなに食欲不振なのか、なぜそんなに全身倦怠《けんたい》なのか。

もし、本当にありのままの彼が愛されたのであれば、なぜそんなに過去の失敗のことで堂々めぐりをしているのか、なぜ集中力がないのか、なぜ決断できないのか、なぜ行動力がないのか、なぜそんなに物事に取り組んでいくエネルギーがないのか。

人間にとって最も必要な本当の愛を、幼児から少年時代に受けることができたら、どうしてこのような歪んだ人間になることがあろうか。

もし、本当に愛されたなら、青年になって、どうして他人の評価によって自分の気持ちが揺れ動くほど弱い自我しか形成できないのか。

「俺はこういう人間だ」と、みんなの前にありのままの自分を出して他人とつきあっていこうとする自我の強さは、人間の成長に必要な愛を受けていれば、出てきていいではないか。

それを、他人に嫌われるのが怖くて、ありのままの自分を出せないのは、成長に必要な愛が欠如していたからではないか。

愛情は酸素なのである。酸素なしでは肉体が生きていけないように、愛情なしでは精神は死ぬ。

彼は、愛されたつもりになっている。しかし、それは親が彼に一体化し、自分の自由にしようとしただけなのである。子どもに一体化して、子どもを自分の思いのままに支配しようとする。それでいながら、それを愛と錯覚する。

彼はきっと親に共鳴したことがあるだろう。親が「いいなあ」といった時、それにあわせて、彼も「いいなあ」といったかもしれない。しかし、親のほうが彼に共鳴したことはあったのだろうか。

親の考えるように考え、親の感じるように感じてきた。そして、時たま彼自身の感じ方を表現しようものなら、「勝手だねえ」となじられたのではないだろうか。

しかし、彼の心の中に入って考えてみれば、それは決して勝手ではなかった。つまり、彼は親に共鳴しているかぎりにおいて愛されただけなのである。

親のコントロールに服しているかぎり、親の自己中心的な要求に迎合しているかぎり、彼は愛された。しかし、そんな欺瞞の愛など、ないほうがよほどよかったのである。

最もいいのは本当に愛されること、次にいいのは愛されないこと、最悪なのは親に一体化されて親の意のままに支配されることである。

彼はコントロールされた。しかし、彼がやりたいことを親はサポートしなかった。コントロールはされるけれど、サポートはされない。これが親に〝おもちゃにされた人生〟である。

彼の人生をおもちゃにしようとする親に適応するために、彼は権威主義になった。因習への執着、内集団権威への服従。しかし、普遍的価値には無関心である。正直であらねばならないのは会社の上司や同僚、部下に対してであり、外国の企業にはウソをついてもよく、外国の企業にウソをついても自分の属する企業が儲かれば、良心の呵責《かしやく》などツメのアカほども感じない。内省欠如。

そして、権威主義的性格となれば、紋切型のものの見方、皮肉と敵意、恐れの投射、セックスへの過大な関心。彼の人生をおもちゃにしようとする親に適応しようとして、彼の性格は権威主義になってしまった。権威主義者というのはえらく劣等感が激しい。

彼は愛されたのではなく、支配されたのである。そして、彼の考えている親孝行などは支配に対する服従であって、決して親に対する愛ではない。

それにしても、われわれ日本人には内集団の権威へ服従する人がなんと多いのだろうか。

喜びや興奮を忘れてはいないか

愛を知らない人間は、とかく人生を暗く否定的に考えがちである。

結局、世間は権力や財力だとか、人の一生は生まれながらの運命によって決まるとか、やがて世界は破滅するだろうとか、尊敬されるためにはあまり近づかれないほうがよいとか、人生は悩みに満ちているから耐えるか気晴らしをするだけだとか、楽しいのは一時のことでやがて苦しい時がくるとか、生きることはつらく哀しいとか……。

愛されることなく支配された人は楽しむことを知らない。いや、楽しむことを軽蔑さえする。楽しいスポーツまで、悲壮感ですするものになってしまう。

世界的に活躍する二人の日本の音楽家、小澤征爾《おざわせいじ》と武満徹《たけみつとおる》の対談で、『音楽』（新潮社刊）と題する本が出ている。

その中で小澤は次のようにいっている。

「正直いって、日本の音楽家は、本当に音楽やろうという気概の人が少ないのね。……お客さんも、音楽が本当に好きで聴きにきているという感じが薄いのね。……」

「もうひとつ日本の音楽界に欠けているのは、興奮と言ったらおかしな言い方だけど、音楽をやる興奮だよね。……」

音楽もスポーツも喜んでやるものから、やるべきものになってしまう。そして、楽しんでするものではなく、悲壮感でするものになる。

だからこそ、いったん安楽な思いをするとわれわれはダメになってしまう。もっと正確にいえば、依存心の強い権威主義者は、いったん楽をするとダメになる。

このような姿勢で生きてきた者は、情緒的にも脆いが、環境の変化にも脆い。

人間はいったん楽をするとダメになるというが、これは依存心の強い人間の場合であろう。耕すことを楽しんできた農家の人、働くことを喜んできたビジネスマンは、いつになっても働く意欲を喪失しない。

依存心と抑圧の強い人がいったん楽をするとダメである。大きな仕事に挑戦する気力がなくなってしまう。これは残念ながら、ある程度今の日本人にもあてはまる。

なぜ「生きること」に疲れるのか？

車に女の子をのせて走っている男の子がいる。彼の働く意欲はどうであろうか。受験勉強でつらかったかもしれないが、いったん楽をしてしまった彼らにはダメなのが多い。安易な生き方をもう変えられない。もし勉強を楽しんでしていれば、受験が終わっても勉強するはずである。

このような人が、やがては子どもに一体化する親になるか、あるいは情性欠如の親となり、子どもの人格を歪ませるのである。

親に受動的な愛、つまり甘えしかない以上、子どもに能動的な愛を期待しても無理であろう。子どもに一体化するということは、親にとって最も安易な生き方なのである。

われわれは受験競争という不健全な競争が終わると、とたんに安易な生活を選ぶ。それ以後は、競争はできたら避けようとする。競争を楽しむことができない。競争は健全なものであるならば、本来楽しいものである。

走ることが好きな人は、走る競争があれば、それを目的にして、より走ることを充実させる。野球の好きな人は、ある大会を目標に頑張る。テニスであろうと、ゴルフであろうと同じである。テニスの試合、ゴルフのコンペ、それらがスポーツを充実させる。英語だって同じである。英検の一級を目標にすることで英語の勉強に張りが出る。

生きがいをもてば、それに関連したことは苦労でなくなる。その苦労が、より生活に張りを与えてくれる。

しかし、依存心が強くて他人の反応によって自己のイメージをつくる人は、手段が目的となってしまう。つまり、テニスをよりおもしろくするために試合をするのに、試合に勝つことが目的になる。

依存心が強い人は、他人に認めてもらわないと自分が支えられない。だから、何事においてもストレートに勝負ができない。

そして、目的となってしまった試合においては、負けることを恐れる。勝ち負けにとらわれる。

試合ばかりではない。何事においても失敗を恐れるようになってしまう。

ストレートに勝負に出ないくせに、他人から認めてもらいたい。だから、自分以外の他人が認められるとおもしろくない。これらの点を考えると、日本が本当の競争社会であるかどうか疑わしい。

競争に疲れているのは、競争を楽しんでいないからである。勝ち負けにとらわれているからであろう。したがって、いったん競争をやめると、その安易さでダメになる。受験競争に疲れて、以後はできれば競争をなくそうとする。

新聞記者は競って記事を書きたがらないようである。

たとえば、記者クラブというのが官庁などにある。聞いた話によると、官僚が黒板にレクチャーをする。それを記事に書く。その点において競争なし。しかも、そのレクチャー以前に書くと、そのクラブから排除されることさえあるという。

統制か過当競争かのどちらかになってしまう。生きることを楽しんでいない競争社会の特徴であろう。

先の『音楽』の中で、小澤が次のようにいっている。

「……あるいは日本の音楽家にはプライドがなくなってきているばかりでなく、ほんとうに音楽がしたくないのかもしれない、というんですね」

これは育つ過程において、愛されるかわりに支配された者の悲劇である。楽しめないで何もかもを義務にしてしまうのは権威主義者の体質である。

親の気持ちに沿って愛されても、自分の気持ちに立ち入って愛されたことのない人間の悲劇である。

挫折感・コンプレックスを共有しない

〝わざとらしさ〟を見抜く

何か独特の雰囲気をもった集団というのがある。

何か不自然な人々の集まりで、妙に高慢なところがあったりする。前にもとりあげた、ウェインバーグの『プライアント・アニマル』に、次のような家庭の例が出ている。

「ある男性は、家族を神聖なものと思い、他人の危機は単なる夕食の話題と思っている家庭で育ちました。

〝わが家は一番であり、他の人びとは愚かである。一家のために必要な時、嘘をつけないのは家庭への裏切りである。また必要なら家族のために死ねないのは反逆行為である。私たちはすべてそうできるはずだ〟」

このような家庭の人というのは、外から見ると、どうも〝わざとらしさ〟が眼につくのである。家庭であっても、宗教的な集団であっても、その他のグループであっても同じである。その人たちのわざとらしい明るさに、人々は何か不自然さを感じる。何か〝ゾッ〟としたものを感じる。

これらの集団の人は、コンプレックスを共有しているから、なかなか自らの抑圧に気がつかない。われわれが、〝ゾッ〟として背筋が寒くなるのは、冷たい人間に会った時ではない。心の冷たい人間が、いかにも温かそうに振舞っている、そのわざとらしさに気づいた時である。

そういうわざとらしい振舞いはとにかく嫌だ、という気持ちになるのは、その人が能動的だからである。コンプレックスを共有していないからである。

依存心の強い人は、そもそものわざとらしさに気づかないで、自分は温かい人間だと思っているのである。その人とコンプレックスを共有しているからである。

能動的になると、他人の抑圧を見抜ける。相手が、冷たい自己のイメージを抑圧しているということを感じとれる。しかし、自分も抑圧していると、相手の抑圧に気がつかないのである。そして、相手を立派な人だと判断違いし、コンプレックスを共有して、お互いに高慢になったりする。

楽しそうにしている人を見ていると気持ちがいい。また、楽しそうに演技していると自分で知っている人を見ているのは、それはそれでいい。耐えられないのは、楽しめない人間でありながら、自分を抑圧して、いかにも楽しそうにしている人を見ることである。それには耐えられない。

そうしたわざとらしい楽しさを見せる人も、はじめからそんな感情と無関係な人間にとっては、可哀そうな人となるだけだろう。しかし、そのわざとらしい人と深く関わり、大事な人生を犠牲にした人には、そんな単純な感じ方でわりきることはできない。

能動的であればあるほど、そのわざとらしさがとにかく嫌だということで、無関係になろうとするだろう。

しかし、相手への依存心が強い人は、そのわざとらしい楽しさの底にある虚無感を見抜けず、いいなあということになる。これもコンプレックスの共有である。

コンプレックスを共有してしまうというのは、相手が、自分はこんなに楽しいんだぞと自分と他人に見せているだけなのに、それが見抜けないことである。

自分自身にまで、こんなに楽しいんだぞと見せなければならないのは、その人が不快さと虚無感を抑圧しているからである。

なぜ自らの不快さと虚無感に眼を背けなければならないのか。それは不快さと虚無感を認めることが、人生の基本的なことでの挫折を認めることにつながるからである。

たとえば、男として挫折し、仕事の世界を批判して「あんな世界はくだらぬ」といい張っている以上、家庭の中で、レジャーで、俺はこんなに楽しいんだぞと、自分自身に見せなければならない。わざとらしい楽しさや、わざとらしい明るさは、自分の人生の基本的なところの挫折から眼を背けたところから出てくるのである。

自分の人生の基本的なところの挫折から眼を背けた人間は、他人の人生を食いものにして生きていく。食いものにされた人間が憎しみの炎に包まれるのは仕方ないかもしれないが、やはり、憎しみをもつことは結局相手に支配されつづけることであり、食いものにされつづけることである。

あのわざとらしい笑い声の底にあるずるさに私はもう耐えられない、といって無関係になる人間は、少なくともそれ以後の人生を自分のものにするであろう。

真実から眼をそらさない

人生の基本的なところの挫折から眼を背けた人間に食いものにされる人がいる、というのはどういうことであろうか。

たとえば、臆病な男が、仕事がしたくても自分が試されるのを恐れて仕事に挑戦的になれない。この三十男が、十代の後半なり二十代はじめの女の子に恋をして、いろいろと歪んだ価値観を植えつける。

「男の世界はどんなに汚いものか、その世界にいる人間はゴマスリばかりで楽しいことなど何もない。卑屈な人間で愛情など平気で裏切っていく。そんな世界で男たちは自らを消耗させていく。本当に馬鹿なもんだよ」

女の子は、その挫折した男の歪んだ価値観を信じていく。

また、コンプレックスの共有は、女性の側に何か挫折があって、その挫折を認められないでいる時にも起きる。

二人とも「自分は挫折してしまった」ということを感じている。しかし、どうしてもそれを認めることはできない。そこで、「自分は挫折してしまった」という感じ方を意志の力で抑圧する。その感じ方は無意識へと追いやられるのである。

そして、二人で時代に背を向けて「くだらないなあ」「馬鹿だなあ」「あいつらは何にもわかってないんだよなあ」「世の中なんて、本当にいい加減なもんなんだよ、それをあいつらはまったくわかってないんだよなあ」などといいあう。

コンプレックスを共有して時代に背を向けたら、あるのは自己満足だけである。

先にあげたウェインバーグの家庭の例の場合を見てみよう。家族を神聖なものと思い、「わが家は一番」といっていた家庭に何が起きているか。

彼の二人の兄はアルコール依存症になった。彼は事業に成功したが友人もできず、結婚もできなかった。ただ、彼だけは自分の家庭の不自然さ、抑圧に気づいて、普通の人間になっていく。

今まで述べてきた〝わざとらしい楽しさ〟〝わざとらしい明るさ〟〝わざとらしい笑い声〟などは、真実から眼をそらしている人々のものである。

コンプレックスを共有するとは、共同で真実から眼をそらしていることなのである。

真実から眼をそらすとは、もちろん抑圧のことである。

コンプレックスを共有した集団の中にいると、外の世界の人々と親しくなることができない。それは、親しくなることを恐れるようになるからである。

他の者と親密になることは、集団への裏切りのように感じてしまうのである。

われわれに大切なのは、何を抑圧しているかということの反省と同時に、誰とそれを共有しているかということである。

自分が今称賛し、敬愛している人間を、もう一度点検することも必要である。それは、われわれが自分の抑圧を手助けする人を称賛し、敬愛するからである。その人が閉鎖的な集団をつくろうとしているか、開放的な集団をつくろうとしているか、それがひとつの目安になる。自分たちだけで閉鎖的な集団をつくり、外の人間を馬鹿よばわりしているとすれば、危険である。

挫折した人間同士で、お互いに挫折から眼をそらしているということもあろう。あるいは、挫折した人間に巻きこまれて、自分も真実から眼をそらしてしまっているということもあろう。

われわれが無関係にならなければならない人間は、自分をだましていた人間ばかりではない。コンプレックスを共有していた人間とも、気がついた時には、無関係にならなければならない。

4章

自分に対する見方をちょっと変えてみる

黒いカラスを「白い」と主張しても

なぜ受け身になってしまうのか

認めざるを得ない現実を否認しつづけるということが、抑圧するということである。認めざるを得ないことを否認しつづけていると、どうしても生き方や感情の動きが受け身になってしまう。

自分にウソをついている人をじっと観察してみればわかることであるが、やはり受け身の人が多い。活動的で威勢がいいように見えても、「あいつに怒らせられた」などと、いつも受け身の表現を使う。

活動的に見えても、うっぷんを晴らしているだけにすぎないのである。

自分にウソをついている人は、現実が、あることを認めろと迫っている時、必死でこらえているのである。

これでは受け身にならざるを得ないであろう。

認めざるを得ない事実を認めた時、その人は初めて能動的になれるのである。〝妬み〟や〝嫉妬〟などの根底にあるのが〝くやしさ〟である。だから、受け身の人間ほど、妬みや嫉妬にとらわれやすいのである。

妬みから人の悪口をいう人は、それをいいながら、心の底の底では、その悪口がどこかおかしいと感じている。

そして、どこかおかしいと感じるからこそ、その感情を抑圧しようとして、さらに激しく悪口をいうのである。誇張された悪口やくどい悪口は、何かを抑圧している人間のやることである。

たとえば、自分に失望している人間が、その感情を意志で抑圧している場合など、他人をクドクドと非難しがちである。

心の奥底では自分に失望しながら、表面は偉そうにしている人間の話すことには、トゲがある。

このようにして、認めざるを得ない現実を否認しつづけていれば、不必要な力が体に入ってしまう。

事実を認めることで、ほっとして力が抜けてリラックスできるのである。

✣競争意識が強すぎはしないか

どうしてもリラックスできないという人は、自分はいったい何を自分に否認しつづけているのかを反省してみることである。自分が認めたくないものの焦点は何かということである。

たとえば、本当は体力がそれほどないのに、それを認めることができない人がいる。タフでありたいと願うあまり、その願いの強さに負けて、自分にはそれほど体力がないという現実を認められないのだ。

自分がすぐに疲れるのを素直に認められない。昨日は仕事がハードだったから、あいつよりは気をつかう仕事だからなどと何やかや理由をくっつけては、自分にはそれほど体力がないということを認めたがらないのである。

ここで大切なことは、そのように現実を否認したり、現実を歪曲して受けとる人の多くは、競争意識が強いということである。

たとえば、タフでありたいという願いが強すぎて自分に体力がないことを認められない人は、やはり「他人に負けたくない」という気持ちが強いのである。

カラスは黒い、レモンはすっぱい、ブドウは甘い、鈴は耳を押さえても鳴る。あたりまえのことを歪めてしまう抑圧が、いかに無謀であるかわかるであろう。

「錐《きり》は袋を通す」という。抑圧もこれに似ている。錐は抑圧したものである。この場合でいえば、自分はタフではないということである。袋は無意識である。どうしても錐は袋を通して出てきて、チクリチクリとその人を刺す。これがイライラである。

自分はタフではないという自分についての感じ方を抑圧したことによって、タフな人間でなければ他人は尊敬しないという、誤った判断をするようになる。タフでない自分は、みんなに尊敬されないということを恐れるようになるのである。

不安感を打ち破る法

心の空しさを何で満たすか

入社試験であれ、重要な仕事であれ、何かを前にして不安な緊張にかられることがある。

多かれ少なかれ、そういう時は、誰だって失敗するのではないかという恐れをもち、不安な緊張にかられる。しかし、その度合のひどい人と、イザという時に集中できる人とがいる。

この両者の違いは決定的だが、どうしてこの差が出てきてしまうのだろうか。

それは幼い日、周囲がわれわれに失望したかどうかということから出てくる。そして、これこそが、この問題を考える出発点なのである。

幼い日、われわれは周囲の人の自分に対する反応によって、自分自身を判断した。周囲の反応、ことに親の反応は、自分を映す鏡であり、その鏡に映る自分を自分と考える。

幼少の頃、親に失望された人は、自分自身に失望する。

親の期待を実現しそこなって、親に失望された子どもは、成長してからも、他人の期待を実現しそこなうと、他人に失望されると感じてしまう。そして、何かを試される時は、他人に失望されることの恐怖に、不安な緊張を覚えるのである。

すぐ〝かたくなる〟人というのは、自分の小さい頃をふり返ってみれば、それを理解できるのではなかろうか。

幼児期に自分の行為ひとつで、他人があからさまに称賛したり失望したりした原体験をもった人がいる。そのような人は、成長してからも、自分の行為によって自分に対する他人の愛が変化したり失望されると感じてしまう。

部屋をかたづけたことで親からほめられ、部屋をかたづけずにいたことで親から叱られる。ここまではどこでも同じである。問題は、部屋をかたづけないで叱られた時、叱られたにもかかわらず、それでも子どもが、自分は親に愛されていると感じられたかどうかなのである。

成績が悪ければ親に叱られる。問題は、成績が悪くて親に「もっと勉強しろ」といわれても、それでも自分は愛されていると感じていたか、そうでなかったかということなのである。この感じ方の違いが決定的なのである。

親に落胆され、ため息などつかれて、ありありと失望の色をあらわされた子どもは、きっと感じるだろう、自分が愛される条件は、部屋をきちんとかたづけることであり、いい成績をとることであると。

子どもの頃は誰でも親に叱られる。問題は、子どもが叱られても親に愛されていると確信できていたかどうかということである。

すぐに不安な緊張を覚えてかたくなる人、他人の反応に歪んだ敏感さをもつ人、これらの人々は、小さい頃叱られた時、自分は愛されていないのだと感じた人である。

子どもの頃、親のいいつけを守り、従順な〝よい子〟であることが、親の愛を獲得する条件だと感じていた人が、すぐに〝かたくなる〟のである。

周囲に受け入れられている人が失敗することと、受け入れられていない人が失敗することとは、まったく意味が異なろう。受け入れられていない人は、失敗するかもしれないと思えばストレスを感じるであろうし、失敗すればそれに苦しむであろう。

同じ叱るという行為が、どうして子どもに違った影響を与えるのか。

それは親の情緒の成熟の問題である。つまり、親が自律性を獲得しているか、まだ依存心が強いかということである。

別の言葉でいえば、親が自分の心の満足を他人の言動に求めているかどうかということである。親が自分の心の空しさを他人に満たされるのを期待しているかどうかということである。

自分が必要だと思っているものは、他人を懐柔したり脅かしたりしてでも得ようとする人がいる。

親がこのような人間であれば、子どもは叱られることによって深く傷つく。

親の必要とする愛を子どもが与えなければならない時、子どもは自由を感じることができない。親が自分自身に頼って生きようとしている時、子どもはありのままの自分でいることが許されると感じる。

われわれは大人になってからでも、どうもあの人といると重苦しいという時がある。それは、押しつけがましい人、つまり、他人の言動によって自分の心の空しさを満たそうとしている人と一緒にいる時である。

子どもは、大人とは比較にならないほど敏感である。しかも、まったく無力である。自分の生存を全面的に他に依存している人に、心理的に依存された子どもの重圧感というのは、想像を絶するものがある。子どもに心理的に依存する親の内容というものを考えると、寒けさえ感じる。

つまり、そういう親は依存心が強いから、他人の眼を気にする。自己中心的、利己主義、自分だけが可愛い、卑怯なのである。

しかも、自分の心の空しさを子どもの言動で満たそうとして、子どもにベタベタしながら、それを子どもへの愛と錯覚している。

自分の心の空しさを満たすものを他人の言動の中に求める人は、結局満たされることがないから、いつまでも他人に不満で、かつ心は空しい。

そして、いつまでも満足を求めて他人にまとわりつくのである。

着実に世界を広げていく

さて、人間というのは、すべて親しい人の失敗に失望の色を示すかというと決してそうではない。

不安な緊張ですぐかたくなる人が、たまたまそういう人たちの中で育ってきたということにすぎない。

幼いあなたの言動に自分の満足を求めていた大人は、自分に満足を与えないあなたに不満だった。それだけに、その不満をあらわな失望の表情であらわした。

むしろ、自分を満足させないあなたを責めているから、嫌みたっぷりに、これでもか、これでもか、というほど失望してみせた。

そして、周囲の人があなたに示す失望の表情を見て、あなたはあなた自身に失望した。

よく嫌みをいう人は、他人に対する攻撃を抑圧している人であろう。

攻撃が抑圧されるということは、攻撃衝動が消えるということではない。

抑圧された衝動はいじけた〝嫌み〟という形で出てくる。

不幸にして、幼い日あなたのそばにいた人は、そのようなタイプの人間だったのである。自分に失望している人ほど、他人に失望してみせる。

しかし、この世にはまったく違った種類の人がいる。あなたが失敗しても、決してあなたに失望しない人がいる。

あなたの成功失敗に関係なく、あなた自身を受け入れてくれる人がいる。

まず、それを知ることが大切である。客観的に人間を見ることである。過去の亡霊に悩まされて、大人になってからも、失敗したら失望されるのではないかとビクビクし、不安な緊張をすることはない。

小さい頃、あなたの言動に周囲の人が反応したような仕方で、すべての人が反応するわけではない。その反応の仕方が、普通の人間の反応の仕方であると間違わないことである。

過去の亡霊に悩まされて、客観的に人間を見ることのできない人がなんと多いことか。

歪んだ眼鏡をはずすだけで、不安な緊張はとれる。

小さい頃、あなたの周囲にいてあなたの言動に反応していた人は、いったい何人だったろう。たとえば五人いたとしよう。しかし、この地球上にはいったい何人の人がいるだろう。五人の人間を見て、何億の人間のあなたへの反応がわかったように錯覚しないことである。

幼い日、自分の周囲にいた人を見抜くためには、その人たち同士の関係を思いだしてみるのもよい。

たとえば、他人の言動に自分の満足を見出そうとする人は、同時に他人の言動に情緒のバランスを崩す。他人との間に自我の境界ができていないので、他人の言動で喜んだり、すぐに不愉快になったりする。

不機嫌な人ほど、他人の不機嫌に敏感であるという。そのとおりであろう。自我の境界がはっきりできていないから、他人の感情の動きが、そのまま自分の感情の動きになってくる。

自我の境界が確立している人は、他人の言動は他人の言動であって、それがただちに自分の情緒のバランスを崩すものではない。

他人の言動で自分の情緒のバランスを崩してしまう人は、当然他人の言動に対する要求が多くなる。

会社から疲れて家に帰る時、妻が機嫌よく出迎えてくれるものと期待する。そしたら逆に〝ブスッ〟としていた。となると、情緒のバランスが壊れて、とたんに不機嫌になる。怒りだしたり、いつまでもグズグズと文句をいったりする。

「俺は会社で気をつかって家に帰ってくるんだ。それなのに……」と、クドクドと同じことをくり返す。

自分の感情のあり方が、他人の言動に依存しているのは、当の本人にもつらいことだ。

自分の部下が自分をほめてくれると期待していたら、逆に隣の課長をほめてしまった。すると、とたんに気持ちが乱れる。

つまり、幼い日、自分の周囲にいて、自分に決定的な影響を与えた人は、自分以外の人とどのような人間関係を結んでいたかということである。

自分の父親は母親にクドクドと夜中まで文句をいっていたかどうか、母親は地域社会の人とうまくやっていたかどうか、父親は会社に親しい同僚がいたかどうか、それらのことをもう一度思いだしてみることである。

今、あなたは人間への信頼を失っている。そして、その信頼を獲得するために、幼い日の周囲の人々をもう一度冷静に見る必要があるのではなかろうか。

われわれは、小さい頃、二つのことを受け入れられるかどうかで、原信頼をもつか、原不安をもつかに分かれる。

ひとつは、自分が無能であっても親に受け入れてもらえる、相手の期待を実現できなくても受け入れてもらえるということである。

もうひとつは、相手と違っても受け入れてもらえるということである。親と違った意見をいっても自分が受け入れてもらえるということである。

根本的に大切な知覚は、自分の親の特性が、すべての人間の特性を代表しているものではないということである。つまり、小さい頃、親が自分を評価したようには、他人は自分を評価しないということである。

そうした知覚を獲得するための第一の方法は、今まで思ってもみなかったことをすることである。今まで考えてもみなかった人とつきあうことである。

自分のことがもっと好きになるために

自分を低くしか評価しないのはどうしてか

われわれは自己評価が低いからこそ、他人の自分に対する評価をあげようとして無理をするのである。自己評価が高い者にとって、他人の評価はそれほど重要なものではない。

心の底で自分に自信のない人は、他人に対して身構える。そして、他人のささいな評判にも敏感である。自己評価が低ければ低いほど、汚点のない評判を維持することに身のほそるような努力をする。

たとえば、自分に自信のない男、つまり自己評価の低いある男が、無理をして酒を飲み、トイレに行っては吐いている。そんなに苦しければ、酒のつきあいをやめればいいのだが、彼にはどうしてもやめられない。翌日は二日酔いで、頭はガンガン、死にそうな気分で会社に行くこともしばしばであった。

その男が気にしていたのは、「あの男は酒も飲めない」「あの男はつきあいが悪い」という周囲の評判だったのである。

血のにじむようなつらい思いをしながら、自分の評判を維持しようとした彼の人格の核にあったものは何であったのか。

それは、「自分は競争社会においてやっていけない男ではないか？」という恐怖感である。そして、その恐怖感は「自分はダメな男である」という自己のイメージのうえにあった。

自己評価の低い彼は、つきあいをよくすることで、自分の評判を維持し、他人が自分を失脚させないようにしたのであった。

彼は、それだけ無理なつきあいをしながらも、実は他人を信じてはいなかった。心の底では、他人が自分を失脚させることを恐れていたのである。だからこそ、他人に自分の弱点を見せまいとした。

人間を信じられない、これはさまざまな精神の歪みの底を流れる感情である。

では、なぜ彼はそんなに自己の評価を低くしてしまっているのだろう。

それには二つの原因がある。

ひとつは、小さい頃、周囲の人の彼に対する反応が間違っていたこと。

何か失敗をして、周囲の人から屈辱感を味わわされてから、彼は周囲の反応で自分を評価するようになった。彼は失敗に対して防衛的な態度を身につけたのである。

成長してからも、自分を低くしか評価できないのは、それ以後、彼がこの恐れにもとづいて行動してきたからである。自己防衛的な行動のくり返しが、自己評価の低さを彼の中にしみこませたのである。

つまり、彼の自己評価の低さが持続したのは、彼自身の行動によるところが大きいのである。

出発点は親を中心とした周囲の態度の間違いであることはいうまでもない。

しかしそれ以後、彼は他人に迎合して生きてきた。嫌いな酒も無理して飲んだ。嫌いなギャンブルにもつきあいで手を出した。それらにつきあったのは、すべて嫌われるのが怖かったからである。人々の自分に対する評判が、彼には怖かったのである。「自分はダメな人間である」という文字を、その子の心の中にインクで黒々と書いたのは親である。そしてそれ以後、彼は他人に好かれることによってしか、自分は生きていけないような気がして、ただひたすら他人に迎合して生きてきた。

しかし、彼は飲みたくない酒を、他人を喜ばすために飲むことで、心の中のインクをより鮮明にしていたのである。

自分はダメな人間であるということを無意識に感じている彼は、他人を喜ばすこと以外に、生きていく方法がわからなくなってしまったのである。

そして他人を喜ばせても喜ばせなくても、自分はダメな人間であるという自己のイメージが、心の底にこびりついてしまっている。二日酔いでガンガンする頭をかかえて会社に行きながらも、彼はこの自己のイメージをどうすることもできないのである。

彼が自信をもつために何より必要なことは、他人を喜ばすための酒のつきあいをやめることである。

もし彼が、他人を喜ばす動機から出るすべての行動をやめることができれば、自分のイメージに変化を起こさせることができる。

好きでもない酒を、自分の評判を維持するために飲むのをやめることで、自分に対する感じ方が変わってくるはずである。そのような酒をやめることで、そのような酒を飲ませていた心の核にあるものを彼は変えることができる。

自分の評判を維持するために、好きでもない酒を飲みつづけているなら、彼は自分の自分に対する感じ方を変えることはできない。とにかく彼に必要なことは、今までの行動をやめ、動機を変化させ、自分に対する自分の見方を変えることである。

嫌いな自分を脱ぎ捨てる

自分の評判を維持するために、彼の生活の内容はどんなに空疎になってしまっていることか。

ふり返って考えてみれば、唯一の心の支えは、自分は他人に高く評価されているということだけではなかったか。

その唯一の心の支えである歪んだ優越感は、いつも劣等感に変化する。したがって、高い評価を得なければ、とたんに劣等感になってしまう。

いったい自分は何をしてきたのだろう。そう考えると、いかに自分を粗末にしてきたかがわかるのではないだろうか。

ただ、他人に負けたくないという気持ちばかりが心の底にこびりついて、自分の生活の中身を豊かにすることができなかった。だから、ふり返ると空しい。あるのは自己満足だけ。

自分の評判が悪くなるのを気にして、本当の自分を誰にも見せることなく終わった過去。それだけ無理して他人につきあいながら、懐かしく思いだす人のなんと少ないことか。

煙草の吸いすぎが体によくないように、自分の評判を気にしすぎることは情緒の安定によくない。そして、煙草を吸いながらでは煙草の害から逃れられないように、評判を気にしながらその害を逃れることはできない。

彼は自己評価の低さからくる不安を、他人に迎合することで逃れようとしていた。しかし、それは煙草をより吸うことで煙草の害から逃れようとしているようなものである。

やろうとしていることがまったく逆なのである。他人に迎合することをやめれば、不安は克服できる。

また、迎合したから評価されるかというと、そうではない。これが自己評価の低い人のもうひとつの悲劇でもある。

彼が評価されないのは、自己を主張しないからであるのに、彼は逆に迎合がたりないからだと考える。彼が他人に心から信頼されないのは、ありのままの自分を見せないからであるのに、その逆と考える。

この恐るべき錯誤。自分の望みを堂々と主張しないことで低く評価されているのに、他人の期待に従うことの努力不足で低く評価されていると考える。そして、より他人の欲求を嗅ぎわけようとする。

自分の弱点を隠すから信頼されないのに、よりいっそう自分の弱点を隠そうとする。

何度くり返してもくり返しすぎることのない名文は、「実際は逆が正しいのである」というものである。

Actually, the opposite is true.

これはアメリカの女性心理学者、フィットテイカーの文である。

また、社会的地位が向上したからといって、他人が心から受け入れてくれるわけではない。

社会的地位の向上によってのみ、より人々に受け入れられると錯覚している人がいる。そういう人は、多くの業績をあげ、より受け入れられようとする。これこそ、精神的障害をもつ人に特徴的な生き方である。

しかし、他人に迎合したからといって評価されるわけでもなく、弱点を隠しおおせたからといって信頼されるわけでもなく、社会的地位が向上したからといって他人に心から受け入れられるわけでもない。

他人になどとり入らなくたって自分を好いてくれる人は好いてくれる。とり入ったところで、自分を嫌いな人はあくまで嫌う。

他人にとり入ることで、あなたに必要な人はあなたから離れていくし、あなたをより傷つける人はあなたに近よってくる。たった一度の人生を、みんなに傷つけられつづけ、悩みつづけて死んでいきたければ、他人にとり入ることである。

いったん確立してしまった知覚方法、行動様式を変えるのは容易なことではない。

飲酒の習慣、喫煙の習慣、ギャンブルの習慣などを変えることだけが難しいのではない。知覚の習慣を変えることも難しいのである。

自慢話をするのは人間関係によくない影響を及ぼすといわれても、人前に出ると、どうしても自慢話をしてしまう人がいる。

自慢話も、心の底での自己評価が低いから、ついしてしまうのであろう。他人は決して自分を馬鹿になどしていないのに、自己評価が低いと、馬鹿にされているとついつい感じてしまう。そのような感じ方が自分の中で確立してしまうと、自慢話をしないと不安になってくる。

そのような感じ方は、いわば条件反射なのである。眼の前に他人があらわれると、もうそのように感じてしまう。すると、自分を印象づけるための言動が、その感じ方について無意識のうちに出てきてしまう。

ついつい他人に迎合してしまう、ついつい自慢話をしてしまうという人にとって必要なことは、確立されたこれらの知覚、感覚方法、行動様式を打ち破ることである。

内面の不安を克服し、生きている喜びを味わうためには、新しい知覚方法、感覚方法、行動様式を身につけなければならない。

コペルニクス的転回であなたの探している人生を見つける

本当に自分の眼で見、自分の頭で考えているか

あなたは本当に自分の眼で見、自分の頭で考えているだろうか。

自分が心理的に依存している人間の眼で見、その人の考えるとおりに考えているのではないか。

あなたはある人間を卑怯だと思っている。しかし、本当にあなたがそう考えているのだろうか。あなたの恐れている人間が「あいつは卑怯だ」といったのを聞いて、自分もそうだと思っているだけではないか。

そして、そう解釈しているほうが、自分がその人に気に入られる人間でいられるというだけではないだろうか。

あなたが恐れている人間が、「あんな職業はくだらない」といったのを聞いて、「あんな職業はくだらない」と思っているだけではないだろうか。

そして「あんな職業はくだらない」と思っているほうが、自分のプライドを維持するのに都合がいいから、そう思っているだけの話ではないだろうか。

あなたがある集団に属しているとする。その集団で劣等感を共有している。その集団は、家族の場合も仲間の場合もあろう。

あなたはその集団の価値観に従って生きている。「○○さんはやきもちやきだ」とその集団の人がいう。そして、その言葉を聞いてあなたもそう思う。

しかし、実は、やきもちやきなのはその集団から非難されているその人ではなくて、その集団の人たち自身なのかもしれない。

自分が嫉妬深い人ほど、他人を嫉妬深いと非難する。嫉妬深い人間にとって、他人の言動を解釈する時、あれは嫉妬だと解釈することほどわかりやすいことはない。他人の愛情ある言動を嫉妬と解釈するほうが、その人にとっては理解しやすいのである。

結局、あなたは何も自分の眼で見てはいないし、何も自分の頭で考えてはいないかもしれない。

劣等感を共有しているグループにいると、いつまでたっても心理的安定を得ることはできない。

あなたは愛他的なつもりでいるかもしれない。「あいつのことを考えてこうした」「あの人を思いやればこそ、かくかくしかじかの行動をとった」「あいつのことを考えると可哀そうでたまらなくて、こういった」……すべて他人への愛情から出たと、あなたは自分の言動を説明するかもしれない。

しかし実は、徹頭徹尾利己主義者だから、そのような言動をしたというのが本当ではなかろうか。

自分にウソをつく時、ある種のコンプレックスを共有しているグループほど都合のいいものはない。そのグループはみんな利己主義者だから、外の人間への利己的行動を愛他的行動と解釈してくれる。

それが母親コンプレックスであれ、劣等コンプレックスであれ、コンプレックスを共有しているグループほど、現実を正しく解釈するのに障害になるものはない。

コンプレックスに直面することなく自分にウソをつきつづければ「どうしていいかわからなくなる」のは当然である。

八方ふさがりを突破する発想の転回

自分の人生は行き詰まった、どうにもできない、どうしていいのかわからないという人は、もう一度真剣に、自分のために本当に心から涙を流してくれるのは誰かということを考えてみる必要がある。

あなたは、Aという人間が、自分のために涙を流してくれると思うかもしれない。しかし、もしあなたが、自分の人生は八方ふさがりになったと感じているとすれば、おそらくAという人は涙を流してくれないだろう。

むしろあなたが避けてきた人間、苦手にしてきた人間が、実はあなたのために、ひそかに涙を流してくれる人なのではなかろうか。

もう自分の人生は八方ふさがりだと感じた時には、太陽が西から昇ってもこれだけは間違いないと自分が信じていること、そのことが間違っている可能性がおおいにあるのである。そして、あなたを行き詰まらせたのは、まさにその確信なのである。

自分にとって疑い得ないことを疑うこと、それが八方ふさがりの人生を切り拓く道なのである。

今自分が、これだけは死んでも間違いないと思っていることを、紙に書いてみることである。

「あの人は自分を愛している」でもいいし「あの人は自分を不幸にした」でもいい。「あいつは私を誤解している」でもいい。「自分は思いやりがある」でもいい。

そして、これこそは地球がなくなっても間違いないと思っていることを書いたら、それを全部逆に考えてみることである。

あの人は私を誤解しているのではなく、あの人の解釈が正しいのだ、むしろ自分が間違っているのだと、逆に考えてみるのである。

八方ふさがりで自殺しか残されていないように感じている人は、このようなコペルニクス的転回が必要なのである。

「動いているのは太陽でなくて、地球だ」

この発想の転回こそが、八方ふさがりの人生を変える。

そうしたら、なんでこんなことに悩んでいたのかと、おかしくなるような日がやってくるだろう。

あなたは、あなたにとっていちばん遠い人をいちばん近いと錯覚し、その確信のうえに自分の人生を築いている。

いちばんの基礎が間違っているのであるから、そのあとをどんなに一生懸命、まじめに努力して生きても、行き詰まってくるのは当然である。

こんなにまじめに生きているのに、生きるというのはどうしてこんなにつらいのだろうと思う人は、その土台が逆さまになっている可能性がある。

出発点から逆の方向に走りだし、努力しているのである。

自分に逆の方向を教えてくれた人もいる。しかし、途中で何人かの人があなたに「そっちじゃないですよ、あなたの探しているものは逆の方向ですよ」と教えてくれたはずである。

しかしあなたは、あなたに正しいことを教えてくれた人を、間違っていると信じてきたのである。

そして、ついに崖っぷちまできてしまった。一歩踏みだせば、崖からの転落しかない。そこで眼をつぶっているのが狂信であり、崖から転落するのが自殺であろう。

しかし、後ろに向きを変えれば、安全な野原が広がっているのだ。

後ろ向け、後ろ！

八方ふさがりで悩んでいる人にはこれしかない。

つまり、その人が後ろと思っている方向が実は前なのである。

現実を見つめ、「自分」を受け入れて生きる

「後ろ向け、後ろ！」ということにはいろいろな意味がある。

たとえば、今までくだらないと思っていたことが、立派なことなのかもしれないと思ってみることである。また逆に、立派だと思っていたことを、くだらないと思ってみることである。

そのように、逆に仮定して実際の行動をはじめてみれば、意外に世界がひらけてくるかもしれない。

今まで自分を愛してくれていると思っていた人は、実は自分を憎んでいる人であるのかもしれない。その人は自分を愛してくれていたのではなく、自分をナルシシズムの対象としていただけなのかもしれない。

過保護は擬装された憎しみであるという。自分を守ってくれると思っていた人は、実は自分を憎んでいた人なのかもしれない。

逆に、「あの人は冷たい」と思っていた人が、実は、本当に自分を思いやってくれていた人かもしれない。自我の未成熟な人間は、自我の成熟した人間の態度を冷たく感じるものである。

よく「どうしていいかわからない」という人に会う。そういう人は、鉄砲を向ける方向が違っているのである。そういう人は、今まで自分を思いやってくれる味方に銃口を向けて、自分の敵に迎合してきたのである。

自分がきわめて不当であると信じている人間が、もしかしたらきわめて正当なのかもしれない。自分が自己中心的にしか物事を解釈できないからこそ、不当だと思うだけで、実は、その人はきわめて正当だという場合もある。

また、自分の他人への解釈があまりにもワンパターンであることを反省してみる必要もある。

学者は立派で政治家は汚いなどという、ワンパターンな解釈をしてこなかったか。学者にも立派な人もいれば汚い人もいる。政治家にも立派な人もいるし汚い人もいる。

いずれにしろ、どうしていいかわからないほど悩んでいる人は、今までの自分の他人に対する解釈の仕方を完全に変えてみることである。

今まで自分が完全だと思っていた人は、逆にあなたに完全であることを求めていた人であるかもしれない。つまり、きわめて不完全な人間かもしれないのだ。

抑圧する人間と抑圧される人間がいる時、一般に抑圧される人間のほうが完全主義者となる。

抑圧される人間は我慢する。そして、我慢はすべて美徳であると思っている。

自分の弱さが原因で我慢することは、美徳ではなく悪徳である。自分の強さが原因で我慢することは、美徳である。

愛のための忍耐と、恐れからノーといえないための忍耐では、同じ忍耐でも美徳と悪徳の違いがある。

自分を抑圧する者を恐れて迎合しているかぎり、不快な我慢の日は続く。我慢につぐ我慢の連続であろう。

そして、自分を抑圧し、痛めつける人間を恐れて自分自身を裏切った人間は、そのうっぷんを、自分を愛する人に向けて晴らす。相手が弱いからである。

強い人間は自分を脅かす人間に立ち向かい、不快な我慢をしないから、自分を愛する人間に笑顔で接することができる。

強い人間は、弱い者にやさしく、強い者に対しては強い。

しかし、相手を恐れている者にはそれが見えない。弱い立場にいる自分を抑圧する人間を、恐怖感から強いと思っていたりする。

弱さとは、自分を試す機会を回避することと他人を拒絶することであり、強さとは、物事に挑戦することと他人を受容することである。

強い人は安定し、流動する。弱い人は硬化しているくせに、だらしなくなる。

恐れている者は人間が見えなくなっているから、弱い人間を強いと思っていたりする。

恐れがあるかぎり、正しい解釈はできない。

黒いカラスを白いと信じようとした日から、不幸ははじまる。

黒いカラスを白いと教えこもうとするのはどこの誰だ。それは、きわめて身近にいる人間に違いない。黒いカラスを白いと信じさせるほうが、その人にとって安全だからである。

疑いようもなく正しいと信じきっていることを疑ってみることから、コペルニクス的転回ははじまる。

どうしようもなく悩み、苦しんでいる者の、意識のうえでのものの見方、感じ方は、恐怖によって決定されているのである。

ある人から追放される恐怖、ある人から軽蔑される恐怖。コペルニクス的転回というのは、単にその恐怖がなかったら、現実はどう見え、どう感じられてくるかということなのである。

自分のものの見方、考え方、感じ方は恐怖によって決定されている……ふと、そう思うことはないだろうか。

最後に、どうしても生きることがうまくいかない人に捧げたいのは、やはり次の一文である。

Actually, the opposite is true.（実際は逆が正しいのである）

あとがき

われわれ現代人の心を歪めてしまっているのは、ストレートな利己主義ではない。愛他主義の仮面をかぶった利己主義である。

われわれ現代人の心を歪めてしまっているのは、ストレートな敵意ではない。敵意を隠した親切である。

われわれ現代人の心を歪めてしまっているのは、ストレートな憎悪ではない。愛情に擬装された憎悪である。

われわれ現代人の心を歪めてしまっているのは、ストレートな自己本位ではない。他人本位の底に隠されている自己本位である。

この本では、このような心の歪みをもたらしている抑圧について述べてきた。

何かを抑圧している人間の感情は複雑である。感情に明快さがない。抑圧は人間の感情を両価的にする。つまり、本当は好きだけど嫌い。心の底では嫌いだけど好き。

作家の五木寛之は音楽家の武満徹との対談で次のようにいっている。
「自分がいやだと思っているものが自分の感情の中にあって、それに共鳴した場合、非常な自己嫌悪にかられて、流行歌を聴くと肌にアレルギーのできる人がいます。ほんとうは好きなんだけど、好きだということがいやだということですね」(『創造の周辺』芸術現代社刊)

本当は好きなのに、それに触れると肌にアレルギーができるほどの反応をしてしまう。流行歌を聴きたいけれど聴くのが嫌だというのが、両価性である。

ある有名人に憧れている。憧れていながら反感をもっている。そんな時、その有名人に接したら素直にはなれないであろう。

権力が欲しいけれど権力を軽蔑している。権力に反発しながら権力に惹かれている。

ある新聞記者が私にこんなことをいった。「先生方はジャーナリズムを批判しますが、それでも私たちが訪ねるのは嫌がりませんね」

自分が軽蔑するものに惹かれる自分。そんな自分への嫌悪。自己嫌悪の人は、抑圧の人である。自己嫌悪が激しければ激しいほど抑圧もまた激しいということであろう。

自分が心の底で憧れているものを、絶えず批判している人もいる。

実際の自分は、自分が考えている自分とまったく逆の人間であるかもしれない。大切なのは、この発想である。

自分は何を抑圧しているのか、自分の周囲の人間は何を抑圧しているのか、そのことを理解することこそが悩みの解決である。

自分の抑圧を意識化することも大切であるが、同時に自分の周囲にいる人間の抑圧を見抜くことも大切である。


敵意や攻撃性を裏に付着させた、柔和な顔に痛めつけられている人のなんと多いことか。欺瞞に満ちた柔和な顔の裏にあるものを見破ることなくして、われわれに明日の生はない。

無私な顔をした我執の人と関係し、その犠牲になっていった人のなんと多いことか。

政治の世界においては、民主主義の名のもとに独裁政治が行なわれることがある。

自由の名のもとに弾圧が行なわれることがある。

政治思想家たちは、その社会的不正に怒り、時に革命の本を書いてきた。

私がこの本で述べたことは、そのような社会的規模の不正ではなく、個人的レベルの不正である。ただ「どうしても許せない」という不正に対する怒りは、革命の本を書いた政治思想家の怒りと同じつもりである。

加藤諦三

自分《じぶん》を嫌《きら》うな

著　者――加藤諦三（かとう・たいぞう）
発行者――押鐘太陽
発行所――株式会社三笠書房
〒102-0072 東京都千代田区飯田橋3-3-1
電話：(03)5226-5734（営業部）
：(03)5226-5731（編集部）
http://www.mikasashobo.co.jp
印　刷――誠宏印刷
製　本――宮田製本

編集責任者　本田裕子
ISBN978-4-8379-2501-9 C0036